Siegmund Natschke

LEXIKON
DER
FINANZKRISE

Daten, Fakten, Begriffe

Herstellung und Verlag:
Books on Demand GmbH, Norderstedt
ISBN 978-3-8391-0038-7

Vorwort

Seit Ausbruch der Finanzkrise überschwemmen die Medien uns mit Informationen. Von „Rettungsschirmen" ist da die Rede, von „Systemrelevanz", ja von einem „Schweinezyklus".
Aber was ist eigentlich darunter zu verstehen ? Können wir alle auf die „Merkel-Garantie" hoffen? Oder droht ein „Staatsbankrott" ?
Nie war die Lage so ernst, nie stand die gesamte Weltwirtschaft so nah am Abgrund wie jetzt. Und nie waren konkrete Informationen so nötig wie heute.
Nach langen Boomjahren erleben wir jetzt die Folgen aus einem Leben über unseren Verhältnissen, aber auch aus einer ungezügelten Investitionsfreude von Bankern, die oftmals nur noch als „Bankster" tituliert werden. Alles hängt mit allem zusammen, und deswegen sind zusammenhängende Informationen so wichtig. Vieles wird gesagt über die Finanzkrise, doch die Gesamtschau fehlt. Dieses Lexikon soll einen Beitrag leisten, den Überblick zu behalten. Und vielleicht einen Mosaikstein bilden, um die Krise zu überwinden.

Münster, im Juni 2009

Siegmund Natschke

A

Abwrackprämie

Die „Abwrackprämie" ist die umgangssprachliche Bezeichnung für die „Umweltprämie", die im Rahmen des „Konjunkturpakets II" eingeführt wurde und den Kraftfahrzeugmarkt beleben soll.

Die Prämie wird gezahlt, wenn ein mindestens 9 Jahre altes Auto bis zum Ende des Jahres verschrottet wird. Voraussetzung ist ferner, dass zugleich der Antragsteller im selben Zeitraum ein Auto neu zulässt, das mindestens der Abgasnorm „Euro 4" entspricht. Für die Auszahlung der Umweltprämie ist das Bundesamt für Wirtschafts- und Ausfuhrkontrolle (BAFA) zuständig. Die Mittel für die Umweltprämie entstammen dem „Investitions- und Tilgungsfonds" aus Sondervermögen des Bundes. Am 6. April 2009 wurde der Förderrahmen von 1, 5 Milliarden Euro auf 5 Milliarden Euro erhöht. Eine Verlängerung der Umweltprämie über das Jahresende hinaus soll es nicht geben.

Kritiker bemängeln, dass durch die Umweltprämie im wesentlichen nicht die deutschen Modelle profitieren, und dadurch das eigentliche Ziel einer Konjunkturbelebung nicht erreicht wird. Unstrittig ist aber, dass der Autohandel profitiert, mit Ausnahme des Gebrauchtwagenmarktes. Es wird befürchtet, dass nach Auslaufen der Prämie die Nachfrage dramatisch zurückgeht. Eine anschließende „Rabattschlacht" mit starken Belastungen für die Autowirtschaft wird befürchtet.

Die Abwrackprämie findet inzwischen auch international Nachahmer.

So beschloss das US-Repräsentantenhaus das sogenannte „Cash for Clunkers"- Programm, („Bares für Rostlauben").Bis zu 4500 US-Dollar (3200 Euro) sollen danach für die Verschrottung eines Altwagens gezahlt werden. Anders als in Deutschland ist die US-Abwrackprämie aber an den Verbrauch und nicht an das Alter des Altfahrzeugs gekoppelt.

AIG

Die American International Group, Inc. (AIG) wurde 1919 durch Cornelius Vander Starr in Shanghai gegründet. Zunächst beschränkte sie sich auf den chinesischen Markt, weitete aber kontinuierlich ihre Geschäftsaktivitäten auf ganz Asien und schließlich auch nach Europa und den amerikanischen Kontinent aus. Zeitweise war die AIG der größte Versicherungskonzern der Welt, durch ihre weltweiten Verflechtungen gilt sie als „systemrelevant".

Nach der Lehman-Brothers-Pleite herrschte die akute Sorge vor, dass auch der AIG-Konzern in die Insolvenz gehen muss, was durch schlechte Bewertungen durch Ratingagenturen ihren Ausdruck fand.

Am 16. September 2008 gewährte die amerikanische Notenbank „Fed" der AIG einen Kredit von 85 Milliarden

US-Dollar. Der Staat übernahm im Gegenzug 79, 9 % der Anteile, so dass die AIG nunmehr ein überwiegend staatliches Unternehmen ist.

Anfang November 2008 unterstützte die US-Regierung die AIG mit insgesamt rund 150 Milliarden US-Dollar, was die größte staatliche Unterstützung für ein privates Unternehmen in der Geschichte der USA darstellt.

Die Verluste der AIG entstammen im wesentlichen dem Investmentbanking, während das Privatkundengeschäft als starkes Standbein eingeschätzt wird.

Aktie

Die Aktie ist ein Anteil an einer „Aktiengesellschaft". Gehandelt werden Aktien an einer Wertpapierbörse, der Kurswert wird dabei von Angebot und Nachfrage bestimmt. In der Regel findet einmal jährlich eine Hauptversammlung der Aktiengesellschaft statt, in der der Geschäftsbericht erörtert und über die Entlastung des Vorstandes abgestimmt wird. Zu diesem Zeitpunkt wird auch die Dividende, eine Gewinnbeteiligung für die Aktieninhaber, ausgezahlt.

Nach dem deutschen Aktiengesetz bezieht sich die Aktie auf das Grundkapital der Aktiengesellschaft. Die Ausgabe der Aktien nennt man Emission, eine Ausgabe von weiteren Aktien ist nur über eine Kapitalerhöhung des Unternehmens möglich.

Durch die starken Turbulenzen am Aktienmarkt ist das Engagement von Kleinanlegern zunehmend in der

Diskussion. Schon das Platzen der „Dotcom-Blase" im Jahr 2000/2001 hatte zu spürbaren Vertrauensverlusten geführt. Andererseits bleibt festzuhalten, dass die Aktie nach wie vor eine transparente Anlageform ist und langfristig bisher stets gute Renditen versprach.

Aktienindex

Der Aktienindex gibt die Entwicklung von ausgewählten Kursen repräsentativer Aktien und somit den Gesamttrend des Aktienhandels wieder. Ausgangspunkt für die Berechnung des jeweiligen Indexes ist eine ausgewählte Basisperiode. Der Leitindex des deutschen Aktienhandels ist der DAX (Deutscher Aktienindex). In den USA ist dies der Dow Jones, in Japan der Nikkei-Index.

Bestimmte Teilmärkte können einen eigenen Aktienindex bilden, so in Deutschland der TecDAX oder in den USA der Nasdaq, die Aktien des „Neuen Marktes" beinhalten.

Krisen an den Börsen werden anhand des Kursstandes des jeweiligen Indexes festgemacht. Für den Charttechniker bilden sie die Grundlagen für Prognosen und Bewertungen. Zu unterscheiden ist der *Kursindex* und der *Performanceindex.* Letzterer bezieht auch die jeweiligen Dividenden in die Berechnungen ein, während für den Kursindex allein die Kurshöhe von Belang ist.

American Express

Die „American Express Company" ist ein weltweit

agierender Finanzdienstleister, der vor allem durch seine gleichnamige Kreditkarte bekannt ist.

Gegründet wurde das Unternehmen 1850 von Henry Wells, William George Fargo und John Butterfield; Geschäftsfeld war zunächst die Postzustellung, welche kontinuierlich auf dem amerikanischen Kontinent ausgebaut wurde.

1890 gab es zum ersten Mal Reiseschecks aus.

Inzwischen ist nach einer Umfrage des Meinungsforschungsinstituts Millward Brown American Express die wertvollste Kreditkartenmarke der Welt.

Genau dies macht das Unternehmen jedoch besonders anfällig für de Auswirkungen der Finanzkrise. Die Kreditkartenblase ist in ihrer Entstehungsgeschichte ähnlich gelagert wie die Immobilienblase. Konsumgüter wie auch Immobilien werden in den USA vor allem auf Kredit finanziert. Die zunehmende Rezession führt zu erhöhten Kreditausfällen, was wiederum die Wirtschaftskrise speist. Ein fataler Teufelskreis entsteht.

Im 1. Quartal 2009 verzeichnete American Express einen Gewinneinbruch von 63%. Damit erlitt das Unternehmen schon das 6. Quartal in Folge einen Gewinnrückgang. Aufgrund des schlechten Gesamtumfeldes ist hier keine Trendumkehr in Sicht.

Arcandor

Die Arcandor AG basiert auf drei Säulen: Primondo (Versandhandel, u. a. Quelle), Thomas Cook (Reise) und Karstadt (Kaufhausgeschäft). Derzeitiger Vorstandsvorsitzender ist Karl-Gerhard Eick, der die

Nachfolge des umstrittenen Thomas Middelhoff angetreten hat.

Middelhoffs Strategie der Verschachtelung und dem gleichzeitigem Rückzug des Kerngeschäftes steht inzwischen stark in der Kritik. Die ehemals zum Karstadt-Konzern gehörenden Warenhaus-Ketten Hertie und Sinn-Leffers wurden verkauft und sind beide in die Insolvenz gegangen. In den Häusern von Karstadt versucht man als Gegenpol zu Billig-Discountern auf Markenprodukte zu setzen. Einzelne Segmente werden externen Anbietern zur Verfügung gestellt (z. B. Weltbild im Buchsegment).

Am 29. 3. 2007 wurde die ehemalige Karstadt/Quelle – Holding in Arcandor umbenannt.

Arcandor bemüht sich um eine Staatsbürgschaft in Höhe von 850 Millionen Euro. Dies führte in der Öffentlichkeit zu einer scharfen Diskussion und zur Frage, ob die Eigentümer von Arcandor die Verluste nicht selber tragen müssen. Brisant ist der Fall „Arcandor" deshalb, weil zum einen 87. 772 (2007) Arbeitsplätze betroffen sind, zum anderen insbesondere die Karstadt-Kaufhäuser eine bedeutende Rolle für viele deutsche Innenstädte spielen. Einer Verödung von Großstadtzentren würde durch ein Scheitern von Arcandor Vorschub geleistet.

Nach der Ablehnung eines „Notkredites" durch die Bundesregierung hat Arcandor am 9. Juni 2009 Insolvenz angemeldet.

Asset Backet Securities

Asset Backet Securities sind unter privaten Anlegern kaum

bekannt, viele haben aber -ohne es zu wissen- mit ihnen zu tun.

Denn viele Lebensversicherungen investieren in Fonds, die wiederum auf Asset Backet Securities setzen. Das Problem: Anteile von Fonds können üblicherweise nicht über die Börse verkauft werden. Deshalb sind die Anleger auf die Rücknahme von Anteilen durch die Fondsgesellschaft angewiesen.

Asset Backet Securities sind mit Vermögen unterlegte Anleihen und ganz besonders stark von der Immobilienkrise betroffen. Bekannt ist, dass die krisengeschüttelte WestLB einen solchen Fonds schließen musste, da dieser sich auf die kritischen Asset Backet Securities (ABS) spezialisiert hatte.

B

Bad Bank

Eine „Bad Bank" ist ein gesondertes Kreditinstitut, das sogenannte „toxische Wertpapiere" von anderen Banken übernimmt und in der Regel dafür auch einen Kaufpreis bezahlt, der über dem aktuellen Kurswert liegt. Sie entlastet damit die Kreditinstitute und fördert deren Bonität.

Zu solch einer Entlastung des Finanzsektors hat sich die US-Regierung unter Barack Obama entschieden. Die „Public Investment Corporation" soll wertlos gewordene Kredite, Zertifikate und Derivate im Wert von bis zu einer Billion US-Dollar übernehmen. Ein erster geplanter „Probeverkauf" ist verschoben worden, da die genauen Regeln für die Abwicklung einer „Bad Bank" erst noch in Planung sind.

Auch das deutsche „Bad Bank"-Modell sieht vor, den Banken ihre nur schlecht veräußerbaren und im Wert stark gesunkenen Wertpapiere abzunehmen. Im Gegenzug fordert man eine starke Transparenz ein, die Banken müssen sämtliche Risiken bezüglich der zu übertragenen Wertpapiere offenlegen. Bedingung für die Nutzung der deutschen „Bad Bank"-Option ist weiterhin, dass die Papiere vor 2009 erworben wurden und der Sitz des entsprechenden Instituts sich im Inland befindet.

Aus Bankenkreisen kommt Kritik an dem Modell der

Bundesregierung, da befürchtet wird, dass für ausgelagerte Risikopapiere in den Bilanzen Rückstellungen gebildet werden müssen. Der Kernpunkt dürfte aber sein, dass die durch eine „Bad Bank" entlasteten Institute eine Gebühr entrichten und auf lange Sicht für die Verluste geradestehen sollen.

Dies ist einerseits sinnvoll, um zukünftig eine seriöse Anlagepolitik der Banken zu befördern, andererseits verstößt dies auch gegen den eigentlichen Sinn einer „Bad Bank", die ja eigentlich zu einer Entlastung der Institute führen soll.

BaFin

Die BaFin (Bundesanstalt für Finanzdienstleistungsaufsicht/ vormals: Bundesaufsichtsamt für das Versicherungswesen) steht im Zentrum der Kritik. In ihr sieht man die institutionelle Hauptverantwortung, dass Finanz- und Versicherungswesen nur unzureichend überwacht worden sind.

Bereits die gesetzliche Grundlage für die Aufsichtstätigkeit ist mit dem Versicherungsaufsichtsgesetz nur schwach gestrickt. Der Bürger kann sich zwar an die BaFin mit einer Beschwerde über ein Finanzdienstleistungsunternehmen wenden, er gilt jedoch nur als „Petent" ohne eigene Verfahrensrechte. Die BaFin verneint hier einen Status als „Verfahrensbeteiligter", dies ist nur das jeweilige Unternehmen und die BaFin selbst.

Die BaFin hat zwar das Recht, Sanktionen gegen

Unternehmen auszusprechen, sogar den Entzug der Zulassung veranlassen, macht aber nur in den allerseltensten Fällen davon auch Gebrauch.

Lediglich bei der Neuzulassung von Finanzinstituten liegen, so urteilen Beobachter, die Hürden hoch.

Die Aufsicht über die BaFin hat wiederum das Bundesfinanzministerium. Doch auch hier wird nicht der Einzelfall geprüft, sondern nur die institutionelle und personelle Aufsicht ausgeübt.

Eine europäische Aufsicht fehlt noch. Bis zur Stunde fehlt es hier an konkreten Gesetzesinitiativen, die dieses zum Ziel hätten.

Im Bereich der Bankenaufsicht ergibt sich eine oft kritisierte Konkurrenzaufsicht mit der Bundesbank. Anstöße zu einer Zusammenlegung von BaFin und Bundesbank gab es von der FDP-Fraktion im Deutschen Bundestag, umgesetzt wurden sie jedoch nicht.

Derzeitiger Präsident der BaFin ist Jochen Sanio, der zwar das Ausmaß der Finanzkrise richtig eingeschätzt hat („größte Bankenkrise seit 1931"), aber keine Akzente in deren Bewältigung setzen konnte.

In Zukunft wird u. a. die Einrichtung eines „Finanz-TÜVs" für Finanzprodukte in der Diskussion stehen, sowie institutionelle und personelle Änderungen. Noch immer gilt als zentrales Problem, dass qualifiziertes Personal lieber in die Privatwirtschaft wechselt, als sich für eine Tätigkeit in der staatlichen Aufsicht zu entscheiden. Die personellen Nöte wurden deutlich, als die BaFin ankündigte, ihre Aufsichtätigkeit aufgrund ihrer Aufgaben im Zuge des Hypo Real Estate-Untersuchungsausschusses des Deutschen Bundestages nicht mehr im vollem Umfange ausüben zu können. Dies führte in der Öffentlichkeit zu heftiger Kritik, da offenbar wurde, dass die BaFin im jetzigen Zustand nicht in der Lage ist, eine reguläre Aufsicht wirkungsvoll ausüben zu können.

Bail-out

„Bail-out" ist ursprünglich ein Begriff aus den Wirtschaftswissenschaften. Es bezeichnet die Schuldenübernahme oder Tilgung durch Dritte. Oftmals wird es einfach als „Rettungsaktion" übersetzt. In Zeiten der Finanzkrise erlangt das „Bail-out" eine besondere Bedeutung. In US-amerikanischen Medien ist bei staatlichen Hilfen, egal ob für einzelne Unternehmen oder für die gesamte Finanzbranche, durchgehend von einem „Bail-out" die Rede. Insbesondere wenn die Insolvenz von „systemrelevanten" Bankinstituten oder von marktführenden Unternehmen anderer Branchen droht, kann mit Hilfe einer Schuldenübernahme oder Kapitalgarantie eine zumindest vorläufige Rettung erzielt werden. Dies kann auch auf rein privatwirtschaftlicher Ebene zwischen Banken/Unternehmen untereinander erfolgen.
Insbesondere das 700 Milliarden US-Dollar schwere Rettungspaket der USA, das mehrere Anläufe brauchte, um den US-Kongreß zu passieren, wird als „Bail-out" bezeichnet. Es dient der Stützung der strauchelnden US-Banken, wird aber in seinem Volumen als immer noch zu gering angesehen.

Bank of America

Die „Bank of America" geht auf die 1784 gegründete „Bank of Massachusetts" zurück und ist derzeit das größte Geldinstitut der Vereinigten Staaten.

Sie hatte 2007 210000 Angestellte und erwirtschaftete einen Umsatz von 119 Milliarden US-Dollar; aufgrund ihrer Größe gilt sie als „systemrelevant".

Insbesondere die Übernahme der drittgrößten amerikanischen Investmentbank „Merril Lynch" ließ die Bank of America in den Strudel der Finanzkrise geraten. Bislang erhielt sie staatliche Hilfen in Höhe von 45 Milliarden US-Dollar. Im Zuge der umstrittenen amtlichen Stresstests für die US-Finanzbranche ist ein Finanzierungsbedarf von weiteren 10 Milliarden US-Dollar offenbar geworden.

Den Kauf der Investmentbank „Lehman Brothers" hat die Bank of America abgesagt, woraufhin diese Insolvenz anmeldete und die Börsen weltweit auf Talfahrt gingen.

„Bankster"

„Bankster" ist die umgangssprachliche Bezeichnung für Banker, insbesondere von Investmentbankern. Sie ist eine Wortschöpfung, die im Verlauf der Finanzkrise im Jahr 2008 kreiert wurde, und die Geringschätzung der Bevölkerung für Bankenberufe ausdrückt. „Bankster" ist dabei eine Verschmelzung der Wörter „Banker" und „Gangster". Sie ist sowohl im deutschsprachigen als auch im angelsächsischen Bereich gebräuchlich. Insbesondere die unseriösen Anlagepraktiken von führenden

Investmentbanken, die Auslöser der Krise waren, aber auch die daraus nötig werdenden Rettungspakete in Milliardenhöhe führten zu diesem Sprachgebrauch.

BayernLB

Die am 27. Juni 1972 gegründete Bayerische Landesbank (BayernLB) ist hinter der Landesbank Baden-Württemberg die zweitgrößte Landesbank Deutschlands.

Durch Investitionen im hochbrisanten Subprime-Markt geriet auch ide BayernLB ins Straucheln. Zur Rettung der BayernLB stellten der Freistaat Bayern und die Bundesregierung 10 Milliarden Euro zur Verfügung, weitere 15 Milliarden sollen als vorbeugende Garantien aus dem Rettungsschirm des Bundes kommen.

Zur Sanierung wird auch über den Verkauf des Wohnungsunternehmens GBW nachgedacht. 5600 Stellen der BayernLB sollen weltweit gestrichen werden.

Zukünftig soll sie sich verstärkt regional ausrichten und mit den Sparkassen kooperieren. Dahinter steht der Gedanke, dass das -weniger risikoreiche- Privatkunden-Geschäft erschlossen werden soll. Damit gerät die BayernLB jedoch zugleich auch in eine Konkurrenzsituation mit den Sparkassen, da dieselben Geschäftsbereiche nun auch durch die Landesbank bearbeitet werden sollen.

Nach Presseberichten erwägt der bayerische Ministerpräsident Horst Seehofer auch eine Privatisierung. Ein dafür nötiger Investor ist jedoch noch nicht in Sicht.

Bear Stearns

Die 1923 gegründete Investmentbank Bear Stearns war eines der ersten und dramatischsten Opfer der Finanzkrise. Es verdeutlichte für alle sichtbar, dass auch und gerade große Geldinstitute von der Subprime-Krise betroffen sind. Im Mai 2007 hatte Bear Stearns noch eine Bilanzsumme von 423,3 Milliarden US-Dollar, am 30 Mai 2008 wurde durch die Übernahme durch J.P. Morgan Chase das Ende des traditionsreichen Hauses besiegelt.

Katastrophal auf das Vertrauen der Anleger in die großen Finanzinstitute wirkte sich die fragwürdige Informationspolitik von Bear Stearns aus. Am 10. März 2008 bezeichnete Bear Stearns in einer Pressemitteilung Gerüchte über Liquiditätsprobleme noch als „absolut unwahr". Vier Tage später, am 14. März 2008, musste es eine „deutliche Verschlechterung der Liquiditätslage in den letzten 24 Stunden" einräumen. In der amerikanischen Presse machten nach der Bear Stearns-Pleite Berichte über arbeitslose Ex-Investmentbanker auf das Ausmaß der Turbulenzen an den Finanzmärkten aufmerksam. Erinnerungen an die Verhältnisse von 1929 wurden wach.

C

Chapter 11

Chapter 11 markiert eine Option des US-Insolvenzechts, sowohl in Insolvenz zu gehen, als auch die Geschäfte weiterzuführen. Unter Aufsicht des Insolvenzrichters werden in einem Verfahren nach Chapter 11 Schuldenvereinbarungen mit den Gläubigern getroffen und Sanierungsschritte wie z. B. Rationalisierungsmassnahmen getroffen. Demgegenüber sieht eine Insolvenz nach Chapter 4 des Insolvenzrechtes die sofortige Liquidation des Unternehmens vor.

Chapter 11 wird in Zeiten der Finanzkrise besonders von Unternehmen genutzt, die für sich noch eine Überlebenschance sehen, sei es aus eigener Kraft, sei es durch Staatshilfen oder Staatseintsieg. Letzteres geschah im Falle von General Motors, das am 1. Juni 2009 Insolvenz nach Chapter 11 anmeldete.

Continental

Die Continental AG ist ein börsennotierter Automobilzulieferer mit Sitz in Hannover und wurde 1871 gegründet. Dem Unternehmen gehören derzeit 133.000 Mitarbeiter an, 2007 erzielte es weltweit einen Umsatz von

16. 619 Millionen Euro.

Der Markt der Automobilzulieferer ist starken Umbrüchen unterworfen, zahlreiche Fusionen und Zusammenschlüsse prägen das Bild. Auch die Continental AG ist davon betroffen. 2004 übernahm es die Phoenix AG, im Juli 2006 wurde das Automobilelektronik-Geschäft von Motorola übernommen. Trotzdem blieb die Marktsituation für alle Teilnehmer schwierig. Die Continental AG reagierte darauf vor allem mit weltweiten Werksschließungen. Auch der Stammsitz Hannover war davon betroffen, die letzte dort verbliebene Reifenfertigung wurde geschlossen.

Im Jahr 2008 sah ein kleinerer Mitbewerber, die Schaeffler-Gruppe, die Gelegenheit gekommen, um den „großen" Konkurrenten zu übernehmen. Zunächst geschah dies durch den Ankauf größerer Aktienpakete, dann durch ein öffentliches Übernahmeangebot von 75, 00 EUR pro Aktie.

Am 21. August 2008 schloss die Continental AG mit der Schaeffler-Gruppe eine Investorenvereinbarung ab, in der das Engagement der Schaeffler-Gruppe für die nächsten vier Jahre auf 49, 99 % festgelegt wurde. 90 % der Continental-Aktien wurden danach der Schaeffler-Gruppe für einen festgelegten Kurs von 75,00 EUR pro Aktie verkauft. Da in Folge der Turbulenzen an den internationalen Aktienmärkten auch die Aktie der Continental AG zusammenbrach, ist eine enorme Schuldenlast für Schaeffler entstanden, um den ein Streit zwischen den beiden Unternehmen entbrannt ist. Beide sind durch die Transaktion nun in ihrem Bestand gefährdet. Der frühere Vorstandsvorsitzende der Continental AG, Manfred Wennemer, ist kurz nach Abschluss der Fusionsvereinbarung mit Schaeffler zurückgetreten. Sein

Nachfolger ist Karl-Thomas Neumann.

Covered Warrants

Covered Warrants werden auch als „gedeckte Optionsscheine" bezeichnet. In Deutschland gibt es sie seit 1989. CW resultieren nicht aus einer Optionsanleihe, sondern werden von Banken herausgegeben, die sich vorher mit Aktien des jeweiligen Unternehmens, auf die die Optionsscheine lauten, bestückt haben. Für das Bereithalten der Aktien wird vom Käufer des CW eine Prämie erwartet. Finanzexperten warnen inzwischen Kleinanleger vor dieser Anlageform. Kurze Laufzeiten und hohe Aufgelder verhindern allzu oft Renditen.

D

Deflation

Die Deflation bezeichnet den allgemeinen Rückgang des Preisniveaus für Waren und Dienstleistungen. Ausgelöst wird sie in der Regel durch einen Konjunkturrückgang, der zu einer anhaltenden Kaufzurückhaltung von privaten Haushalten und Unternehmen führt. Scheinbar steigt die Kaufkraft der Konsumenten, tatsächlich setzt sich ein gefährlicher Kreislauf in Gang. Waren müssen immer billiger angeboten werden, was auch eine billigere Produktion und massive Lohnzurückhaltung erfordert. Dies führt zur „Lohndeflation", eine selbsterhaltende „Deflationsspirale" setzt sich in Gang.

Befürchtete man durch die weltweiten Interventionen der Staaten und Zentralbanken eine langfristige Gefahr der Inflation, so ist kurzfristig die Möglichkeit einer Deflation weitaus mehr gegeben. Insbesondere der sinkende Ölpreis aber auch die fallenden Preise für Agrarerzeugnisse kennzeichnen dabei einen beginnenden deflationären Prozess.

Eine Deflation ist im allgemeinen schwerer zu bekämpfen als eine Inflation, auch deshalb, weil sinkende Preise die Erwartungshaltung aufbauen lassen, dass sie zukünftig noch weiter fallen werden. Die entstehende Kaufzurückhaltung verstärkt noch einmal den Kreislauf der Deflation.

Derivate

Derivate garantieren das Recht des jeweiligen Käufers, Wertpapiere zu einem fest bestimmten Preis erwerben zu können. Diese Wertpapieren können Aktien oder Anleihen sein, darüber hinaus können Derivate auch Rohstoffe, Devisen, Indexe oder Zinssätze betreffen.

Derivate sind auch aufgrund von ihrer Ablösung von den Vorgängen der realen Wirtschaft ein spekulatives Anlageprodukt, welches aber in seiner Bedeutung in den letzten Jahren stark zugenommen hat.

Die Transaktionen können im „Kassamarkt" oder im „Terminmarkt" vorgenommen werden. Während im Kassamarkt Direktgeschäfte erfolgen, bei denen Bezahlung und Lieferung unmittelbar nacheinander stattfinden, werden auf dem Terminmarkt Verträge über Geschäfte in der Zukunft getätigt. Finanzprodukte, die solche Geschäfte auf die Zukunft zum Gegenstand haben, nennt man wiederum „Futures".

Diese Spekulationsart ist für den Kleinanleger nur bedingt geeignet, da Intransparenz das Nachvollziehen der Preisbildung erschwert. Zusätzlich kann bei Derivaten das Risiko bestehen, bei Fälligkeit zusätzliche Geldmittel aufbringen zu müssen. Desweiteren sind die Einlagen bei Brokern nicht vollständig abgesichert, was insbesondere bei Anlagen an ausländischen Wertpapiermärkten zu Problemen führen kann.

Nach dem Inkrafttreten des Finanzmarktrichtlininien-Umsetzungsgesetzes im Jahr 2007 gelten auch „Daytrading-Geschäfte" zu den Dervaten. Auch die jeweiligen Informationspflichten leiten sich aus diesem Reformgesetz ab.

E

Enteignung

Als Enteignung bezeichnet man den Entzug des Eigentums an einer unbeweglichen oder beweglichen Sache durch den Staat, häufig gegen eine Entschädigung. Artikel 14 des Grundgesetzes garantiert zwar das Eigentum und das Erbrecht (Absatz 1), verpflichtet aber gleichzeitig auch zum Dienst am Allgemeinwohl (Absatz 2) und lässt dafür Enteignungen zu. Die Hürden für eine Enteignung liegen zwar hoch, dennoch finden Enteignungen immer wieder statt, z. B. für den Straßenbau oder im Vorlauf von größeren Bautätigkeiten wie z. B. Talsperren.

Großflächige Enteignungen gab es aus ideologischen Gründen in sozialistischen Staaten im Zuge von Boden- und Landreformen. In Deutschland reagiert die Öffentlichkeit deshalb oftmals sensibel auf dieses Instrument, was sich auch im Zuge der Diskussionen um die marode „Hypo Real Estate" zeigte.

Den dortigen massiven, kontinuierlich neu auftretenden Finanzbedarf in Milliardenhöhe glaubt der Bund nur dadurch eindämmen zu können, wenn der Staat die Kontrollmehrheit an der Immobilienbank übernimmt. Der Großinvestor JC Flowers, derzeit mit rund 22% an der HRE beteiligt, lehnte das offizielle Übernahmeangebot, das ihm die SoFFin im Namen der Bundesrepublik Deutschland unterbreitet hatte, ab. Auch direkte Verhandlungen scheiterten.

Als letztes Mittel schließt die Bundesregierung nicht aus, auch das Instrument der Enteignung anzuwenden. Da man die bisherige rechtliche Grundlage offenbar als nicht ausreichend für den spezifischen Fall der HRE befand, brachte man eine eigene Gesetzesinitiative, die genau auf die HRE zugeschnitten ist, auf den Weg. Das „Finanzmarktstabilisierungsbeschleunigungsgesetz", auch als „Enteignungsgesetz" bezeichnet, wurde mit den Stimmen der Großen Koalition im Deutschen Bundestag beschlossen.

Die Bedenken finden sich vor allem bei den kleineren Parteien. Während die „Linke" „handwerkliche Fehler" bemängelt, empfindet Rainer Brüderle (FDP) die Enteignungsoption als „Schlag gegen unsere Wirtschaftsordnung". Auch in der Öffentlichkeit wurde oft von einem „Präzedenzfall" gesprochen, gleichzeitig aber auch von einem „Einzelfall". Der staatsgefährdende Finanzbedarf der als systemrelevant eingestuften HRE lässt für viele das Mittel der Enteignung als „Ultima Ratio" gerechtfertigt erscheinen.

Euwax

Die Euwax (European Warrant Exchange) ist der führende Handelsplatz in Deutschland für Zertifikate. Sitz der „Euwax" ist in Stuttgart. Tägliche Live-Schaltungen an die „Euwax" bietet der Nachrichtensender „n-tv". Weitere Handelsplätze sind in Deutschland Frankfurt a. M. , Berlin und Düsseldorf.

Seit dem Jahr 2000 ist die Euwax AG börsennotiert. Aufsichtsbehörde ist das Wirtschaftsministerium Baden-Württemberg.

F

Fannie Mae

Fannie Mae verdankt seine Entstehung der Weltwirtschaftskrise der 30er-Jahre. Präsident Roosevelt startete mit dem „New Deal" ein umfangreiches Konjunktur- und Beschäftigungsprogramm und richtete 1938 Fannie Mae als staatliche Bank ein. Geschäftsgegenstand sind seit jeher Hypothekenkredite. Fannie Mae hatte stets erstklassige Bonität.

Da die Immobilienkrise auf „faule Kredite" im US-Häusermarkt zurückgehen, ist es nicht verwunderlich, dass Fannie Mae zu den Hauptbetroffenen gehört. Im Verlauf des Jahres 2008 wurde die Lage immer kritischer. In den Monaten April bis Juni summierten sich die Verluste auf 2,3 Milliarden US-Dollar. Im Juli des Jahres bezeichnete der Chef der amerikanischen Notenbank „Fed", Wiliam Poole, Fannie Mae als „faktisch zahlungsunfähig".

Als drastische Maßnahme wurde Fannie Mae unter staatliche Zwangsverwaltung gestellt. Bis heute ohne wirklichen Erfolg: Fannie Mae braucht weiterhin kontinuierlich „frisches Geld". Nach einem Verlust von 23,2 Milliarden US-Dollar im 1. Quartal 2009 forderte es weitere 19 Milliarden US-Dollar. Bereits im Februar 2009 hatte Fannie Mae weitere Staatshilfen von rund 15 Milliarden US-Dollar erhalten.

Freddie Mac

Freddie Mac ist in seiner Entstehungegschichte eng mit dem staatlichen Immobilienfinanzierer „Fannie Mae" verbunden. Um deren Monopolstellung zu verhindern, wurde 1968 vom US-amerikanischen Kongress die „Federal Home Loan Mortgage Corporation" gegründet, welche fortan auch „Freddie Mac" genannt wurde.
Ebenso wie Fannie Mae wurde Freddie Mac als staatliche Immobilienbank stets eine ausgezeichnete Bonität ausgewiesen – bis zur Finanzkrise.
Auch Freddie Mac verlor in dessen Verlauf seine Unabhängigkeit und wurde am 7. September 2008 unter staatliche Zwangsverwaltung gestellt.
Im Verlauf des Jahres 2008 hatten sich die Finanzsituation von Freddie Mac dramatisch zugespitzt. Im dritten Quartal des Jahres verzeichnete man einen Verlust von 25, 3 Milliarden US-Dollar.
Auch der Freitod des Finanzchefs des Hypothekenfinanzierers, David Kellermann, der am 22. April 2009 von den Medien vermeldet wurde, wird in Zusammenhang mit den Belastungen der Finanzkrise gebracht.
Im 1. Quartal 2009 hatte Freddie Mac erneut einen Rekordverlust von 10 Milliarden US-Dollar zu verzeichnen.

G

Geithner, Timothy F.

Timothy F. Geithner, geb. am 18. August 1961 in New York, wurde unter Präsident Barack Obama Nachfolger des glücklosen Henry Paulson im Amt des US-amerikanischen Finanzministers.

Geithner war zuvor Leiter der New Yorker Zweigstelle der US-Notenbank Federal Reserve. Er gilt als Branchenkenner mit fundiertem Fachwissen, gleichzeitig wird seine Nähe zum Finanzsektor auch skeptisch gesehen.

Internationale Erfahrung erwarb Geithner in den Jahren 2001-2003 als Chef des Bereiches „Entwicklungspolitik" beim Internationalen Währungsfonds.

Geithner gehört keiner Partei an, aber der sogenannten „Group of Thirty", einem Kreis internationaler Persönlichkeiten, der Reformvorschläge für das globale Finanz- und Wirtschaftssystem erarbeitet.

General Motors

W. C. Durant gründete am 16. September 1908 die General Motors Corporation, welche zum großen Weltkonzern aufsteigen sollte. Bereits in den 20er Jahren des letzten Jahrhunderts gehörte es zu den „großen Dreien" des amerikanischen Automarktes – und es sind dieselben wie bis zur heutigen Finanzkrise: Ford, Chrysler und General Motors. Zusammen betrug ihr Marktanteil über 80%, durch ihre marktbeherrschende Stellung ging die Zahl der automobilproduzierenden Unternehmen von 108 auf 44 zurück. Der Export von US-Autos nach Europa führte auch zu einer Expansion der amerikanischen Auto-Industrie. Dies wiederum führte zu einem verstärkten Kapitalexport und dem Wunsch, die verdienten Dollars auch wieder gewinnbringend anzulegen. Der Einstieg bei Opel bot sich an, auch um bestehende Zollbeschränkungen zu umgehen. Am 17. März 1929 vollzog man diesen Schritt, überließ das Tagesgeschäft jedoch den Deutschen. GM-Chef Alfred P. Sloan tätigte dies zu einem denkbar ungünstigen Zeitpunkt: Die Weltwirtschaftskrise ließ die Absatzzahlen einbrechen Trotzdem war Opel Rüsselsheim mit seinen 360 000 m² Produktionsfläche als die größte Fabrikanlage im Land wie gemacht für die Expansionspläne des GM-Chefs. Auch während der Machtergreifung der Nationalsozialisten blieb General Motors bei Opel engagiert, was dem Konzern bis heute kritisch angelastet wird.

Nach dem 2. Weltkrieg stieg General Motors schon früh zum global tätigen Unternehmen auf, am 31.Dezember 1955 konnte es als erstes US-amerikanisches Unternehmen einen jährlichen Umsatz von über einer Milliarde US-Dollar aufweisen.

Durch die Produktion für den Massenmarkt mit einer Ausweitung der Modellbreite aber auch der Etablierung im Hochpreissegment durch Marken wie Buick oder Cadillac konnte der Umsatz noch um ein Vielfaches gesteigert werden, zugleich stiegen aber auch die Produktionskosten.

Im Jahre 2007 wies General Motors einen Umsatz von 181,1 Mrd. US-Dollar aus, verbuchte mit 38,7 Mrd. US-Dollar zugleich aber auch den größten Verlust seiner Geschichte. Der zeitgleiche Anstieg des Ölpreises und die Schwierigkeiten durch die Immobilienkrise wirkten sich verheerend aus. 2008 fuhr das Unternehmen ein Minus von 30,9 Milliarden US-Dollar ein.

Am 1. Juni 2009 meldete General Motors Insolvenz an, was insbesondere auch für das Tochterunternehmen „Opel" im Gespräch war. Dort steigt nun der österreichisch-kanadische Autozulieferer „Magna" ein sowie die russische Skerbank. Auch General Motors soll mit 35% weiterhin engagiert bleiben. Da es sich jedoch bisher nur um Vorverträge handelt, sind Einzelheiten noch auszuhandeln.

Glattstellung

Im Optionsgeschäft versteht man unter einer Glattstellung die Beendigung eines Long- bzw. Short-Geschäftes. Dies wird dadurch erreicht, indem ein entsprechendes Gegengeschäft getätigt wird.

Gold

Gold als „Krisenmetall" erlebte nach dem Lehman-Brothers-Schock eine Renaissance. Dies ging soweit, dass die Bestände der Händler aufgebraucht waren und lange Wartezeiten in Kauf genommen werden mussten.

Der hohe Goldpreis sorgte zudem dafür, dass Altgoldhändler in Zeitungsinseraten nach allen Goldgegenständen bis hin zum Zahngold fahndeten und auch ihre Interessenten fanden.

Verbraucherschützer sehen die Anlage in Gold aber insofern skeptisch, als dass es auch hier zu erheblichen Kursschwankungen kommen kann. Allenfalls eine „Notreserve" sollte angelegt werden, die z. B. im Falle von Währungsumstellungen eine bleibende Wertanlage darstellen würde.

Grundsätzlich bleibt die Regel bestehen, dass in wirtschaftlichen und politischen Krisenzeiten das Interesse an Gold zunimmt. Das ist ebenso bei starken inflationären Tendenzen der Fall. Dennoch ist viel Gold auf dem Markt; dem großen Angebot müsste also eine noch größere Nachfrage entgegenstehen.

Die antizyklische Haltung des Goldes zum Dollar ist insofern relativiert, als dass alle Währungen gefährdet sind, und zeitweise sogar über eine „Weltwährungsreform" philosophiert wurde.

Eine Alternative zum realen Edelmetall könnten Goldzertifikate sein, die einen Lieferanspruch auf eine bestimmte Goldmenge verbriefen und eine entsprechende Schuldverschreibung der Bank darstellen. Angesichts des Vertrauensverlustes in die Banken selbst sind die klassischen Anlageformen in Münzen oder Barren den Zertifikaten nicht nur subjektiv überlegen.

Goldman Sachs

Die Goldman Sachs Group Inc. wurde 1869 von Marcus

Goldman in New York gegründet, und galt es eine der bedeutendsten und traditionsreichsten Investmentbanken der Welt.

Die Finanzkrise überstand sie als eine der wenigen, ohne ihre Unabhängigkeit zu verlieren. Allerdings gab sie im September 2008 ihren Status als Investmentbank ab.

Bereits in der New Economy-Blase spielte die Goldman Sachs Inc. eine umstrittene Rolle. Sie wurde von der US-amerikanischen Börsenaufsicht wegen irreführender Analysen zu einer Zahlung von 75 Millionen US-Dollar verpflichtet.

Prominentester (Ex-) Banker von Goldman Sachs ist Henry Paulson, ehemaliger CEO der Investmentbank, und während der Finanzkrise Finanzminister unter George W. Bush.

Guttenberg, Freiherr Karl Theodor von und zu

Karl Theodor von und zu Guttenberg wurde am 5. Dezember 1971 geboren und ist jüngster Wirtschaftsminister, den es in der Bundesrepublik je gab. Er wurde am 10 Februar 2009 Nachfolger des glücklosen und amtsmüden Michael Glos. Dieser bemängelte die Zusammenarbeit mit Kanzlerin Merkel, die sich öffentlich stets mit Finanzminister Steinbrück zeigte, und den Wirtschaftsminister außen vor zu lassen schien.

Guttenberg entstammt dem fränkischen Adelsgeschlecht zu Guttenberg, sein Großvater Karl-Theodor Freiherr von und zu Guttenberg war von 1967- 1969 Parlamentarischer Staatssekretär im Bundeskanzleramt, sein Vater ist der

Dirigent Enoch zu Guttenberg.

Enkel Karl-Theodor von und zu Guttenberg ist promovierter Jurist, arbeitete zunächst in der familieneigenen Beteiligungsgesellschaft Guttenberg GmbH mit, deren geschäftsführender Gesellschafter er wurde. Von November 2008 bis Februar 2009 war er Generalsekretär der CSU. Seit 2002 ist er Mitglied des Deutschen Bundestages.

In den Verhandlungen um die Zukunft des Autobauers Opel, der aus dem inzwischen insolventen Mutterkonzern General Motors herausgelöst werden sollte, sprach sich Guttenberg wiederholt für eine „geordnete Insolvenz" aus. Angesichts der Staatshilfen für Opel soll Guttenberg mit Rücktritt gedroht haben, betonte jedoch, dass er das Rettungskonzept, das den Einstieg des Autozulieferers Magna und Staatsgarantien in Höhe von 1, 5 Milliarden Euro für Opel und in Höhe von 3 Milliarden Euro für Magna vorsieht, „in der Gesamtschau" mittrage.

H

Hedgefonds

Hedgefonds sind Investmentfonds, die von einer sehr spekulativen Anlagepraxis Gebrauch machen.

Dies bedeutet grundsätzlich, dass sowohl höhere Gewinne als auch deutlichere Verluste als bei traditionellen Anlageformen möglich sind. Hedgefonds agieren mitunter sogar auf Kredit, um mit einem „Hebel" höhere Rendite erzeugen zu können. Grundsätzlich können dabei sowohl Aktien als auch Rentenpapiere oder Options- und Futuregeschäfte Gegenstand der jeweiligen Hedgefonds sein. Insbesondere der Einsatz des Instrumentes der „Leerverkäufe" macht das Wirken der Hedgefonds umstritten, ebenso wie die Spekulation auf Währungen.

Zugelassen sind die Hedgefonds in Deutschland erst seit dem 1. Januar 2004. Die Schröder-Regierung initiierte damals das Investment-Modernisierungsgesetz, das nunmehr nach den Erfahrungen der Finanzkrise zunehmend kritisch gesehen wird.

Vorstöße zur Regulierung der Branche findet man vor allem auf internationaler Ebene. Während hier insbesondere Großbritannien und die USA auf dem G7-Treffen in Heiligendamm Regulierungen verhinderten, einigten sich am 14. November 2009 die Finanzminister der G20-Staaten auf eine Registrierungspflicht von Hedgefonds und mehr Transparenz. Dies ist nach einhelliger Auffassung noch deutlich zuwenig.

In Zeiten der Finanzkrise ziehen viele ihre Anlagen aus den Hedgefonds ab, wobei dies auch wesentlich von den z. T. sehr stark differierenden Anlagezielen abhängt.

HSH Nordbank

Die nördlichste der Landesbanken galt vor der Finanzkrise als vorbildhaft. Entstanden aus der Fusion von der Hamburgischen Landesbank und der Landesbank Schleswig-Holstein war es offenbar gelungen, eine staatliche Bank nach modernen Gesichtspunkten zu reformieren und nach privatwirtschaftlichen Maßstäben auch auf den Weltmarkt hin auszurichten. Die Eröffnung eines Büros in New York galt dafür als Symbol, stand später aber sinnbildlich für eine eigene Selbstüberschätzung, die statt auf Regionalität den globalen Aktionsradius suchte.

Das Engagement der HSH Nordbank in der Containerschifffahrt erwies sich zudem zunehmend als problematisch, da gerade dieser Wirtschaftszweig empfindlich auf Umsatzschwankungen reagiert.

Kritiker bemängeln zudem, dass zu spät auf die eigene Rolle in der Finanzkrise hingewiessen wurde. Am 10. November 2008 trat schließlich der Vorstandsvorsitzende Hans Berger von seinem Amt zurück. Sein Nachfolger ist Dirk Jens Nonnenmacher. Die HSH Nordbank hat beim Finanzmarktstabilisierungsfonds einen Garantierahmen in Höhe von 30 Milliarden Euro beantragt.

Am 24. Februar 2009 haben die Landesregierungen von Hamburg und Schleswig-Holstein beschlossen, die HSH

Nordbank mit 3 Milliarden Euro sowie einer Sicherheitsgarantie von 10 Milliarden Euro zu unterstützen. Experten erwarten, dass die nötigen Beträge sich noch signifikant erhöhen werden.

Hypo Real Estate

Die Hypo Real Estate Holding (HRE) ist eine Investmentbank mit Sitz in München. Sie umfasst die Real Estate Bank AG, die Hypo Real Estate Bank International AG, die Depfa Bank plc und die Depfa Deutsche Pfandbriefbank AG. Die HRE entstand aus der Abspaltung des Immobilienfinanzierungssegments der Hypo Vereinsbank. Die Abspaltung wurde durch eine Neugründung nach dem Umwandlungsgesetz erreicht, welche am 23. September 2003 erfolgte.

Die Bilanzsumme der HRE beträgt 400,2 Milliarden Euro (2007). Laut Presseberichten soll die HRE außerhalb der eigentlichen Bilanz weitere 600 Milliarden Euro in sogenannte „außerbilanzielle Geschäfte" investiert haben. Durch zunehmende Kreditrefinanzierungschwierigkeiten insbesondere der Depfa-Bank, die seit 2007 eine HRE-Tochter ist, droht seit letztem Jahr eine Insolvenz. Am 7. Oktober 2008 trat der Vorstandsvorsitzende Georg Funke zurück, auch der Aufsichtsrat wurde fast vollständig ausgewechselt. Funke klagt inzwischen Gehaltsnachzahlungen ein, was für weitere öffentliche Empörung sorgte.

Der Finanzbedarf der Hypo Real Estate ist inzwischen staatsgefährdend. Nach Presseberichten hat sie bereits

Beihilfen und Garantieleistungen in Höhe von insgesamt 102 Milliarden Euro erhalten, davon sind 87 Milliarden staatlicher Natur, der „Rest" sind Leistungen anderer Banken. Die Finanzdefizite der HRE entstehen kontinuierlich und liegen im Geschäftskonzept dieser Investmentbank begründet, da sie sich laufend über neue kurzfristige Kredite refinanzieren muss. Dieser Kreditfluss ist durch die immer restriktiver werdende Kreditvergabe der Banken ins Stocken geraten, wodurch kontinuierliche Finanzierungslücken entstehen.

Da die HRE als systemrelevant eingestuft wird, insbesondere durch ihr Engagement im Pfandbriefmarkt, und eine Insolvenz nicht nur das Vertrauen in den Finanzplatz der Bundesrepublik schädigen, sondern auch zahlreiche andere Banken, sowie Versicherungen, Rentenkassen und öffentlich-rechtliche Gesellschaften in Bedrängnis bringen würde, entschließt sich der Staat immer neu, die Hypo Real Estate zu stützen. Zudem hat die Bundesregierung nach Angaben von Bundeskanzlerin Merkel auch international zugesichert, keine systemrelevante Bank fallen zu lassen. Diese Zusage geschah offensichtlich aus den Erfahrungen mit der Investmentbank „Lehman Brothers" heraus. Da die dafür nötigen Summen einen beträchtlichen Teil des Bundeshaushaltes ausmachen, strebt der Staat eine Kontrollmehrheit bei der HRE an, zunächst über eine Kaptalerhöhung. Sollte das mit diesem Mittel nicht erreicht werden, will man notfalls auch zum Instrument der „Enteignung" greifen. Obwohl eine Enteignung grundsätzlich schon bei bestehender Rechtslage möglich ist, kreierte die Bundesregierung ein extra auf die HRE zugeschnittenes „Enteignungsgesetz", das im Deutschen

Bundestag mit den Stimmen der Großen Koalition verabschiedet wurde. Heftige Grundsatzdiskussionen gingen der Gesetzesinitiative voraus und das Schlagwort „Der Staat ist nicht der bessere Banker" machten die Runde. Angesichts der Tatsache, dass die börsennotierte HRE nur noch ein „Penny Stock" ist, aber über dem Börsenwert entschädigt werden soll, gleichzeitig der Bund selbst im Bestand gefährdet ist, konnte dieser Standpunkt nicht an Boden gutmachen.

Am 17. April 2009 machte der Finanzmarktstabilisierungsfonds (SoFFin) ein Übernahmeangebot der Bundesrepublik Deutschland an alle Aktionäre der HRE in Höhe von 1,39 Euro pro Aktie.

Am 2. Juni 2009 wurde eine außerordentliche Hauptversammlung der HRE einberufen, in der eine Kapitalerhöhung beschlossen wurde. Durch die Zeichnung von 986,5 Millionen neuer Aktien kann der Bund nunmehr seinen Anteil auf 90 Prozent erhöhen, eine Enteignung würde somit hinfällig

Zu fragen bleibt, ob es hier nicht Aufsichtsfehler gibt und die eklatanten Struktur- und Anlagefehler der Hypo Real Estate nicht hätten aufmerksam machen müssen. Eine grundsätzliche Debatte muss geführt werden, ob ein Unternehmen eine solch monopolartige Größe erlangen und beherrschende Teile am öffentlichen Wirtschaftsleben einnehmen darf, wenn es gleichzeitig damit die staatliche Ordnung in ihrem Bestand gefährdet.

I

IKB

Die IKB (Deutsche Industriebank AG) betätigt sich aus langer Tradition heraus mit der Finanzierung industrieller Unternehmen in Deutschland.

Am 30. September 1924 wurde sie in Berlin als Bank für deutsche Industrieobligationen (BaFio) gegründet und befasste sich mit der Abwicklung der Reparationszahlungen, zu denen Deutschland nach Ende des Ersten Weltkrieges verpflichtet war. Nachdem dieses Pflicht zur Reparationszahlung 1929 beendet war, wurde die BaFio in Zeiten der Weltwirtschaftskrise als Kreditgeber für Landwirtschaft und mittelständische Industrie eingesetzt. Im nationalsozialistischen Machtregime wurde sie in den Dienst der Kriegswirtschaft gestellt. Als Neuanfang wurde am 29. März 1949 die Industriekreditbank AG (IKB) gegründet, die u. a. die Mittelzuweisung der Kreditanstalt für Wiederaufbau (KfW) übernehmen sollte.

Nach ihrer Fusion mit der Deutschen Industriebank 1924 widmete sie sich ausgiebig der Exportwirtschaft, aber auch dem Sektor der Immobilienfinanzierung und als Beteiligungsgesellschaft. Nach der Wende richtete sich der Blick auch weit über die Grenzen hinaus, es wurden Niederlassungen in Paris, London, New York und eine Repräsentanz in Hongkong geschaffen.

Vor allem das ausländische Immobiliengeschäft durch das Engagement als Beteiligungsgesellschaft ließ die IKB zu einem der Hauptverlierer der Finanzkrise werden. Bereits am 30. Juli 2007 verlautbarte die IKB eine „existenzbedrohende Schieflage". In einer ersten Rettungsaktion wurden der IKB 3,5 Mrd. Euro zugesichert, das zu 70 % die KfW, zu 30% andere Banken tragen mussten.

Da der Finanzbedarf im Verlauf des Jahres 2008 sich immer mehr ausweitete, wurde zunehmend Kritik an den Hilfen für die IKB laut. Mit einer Konzern-Bilanzsumme von rund 50 Milliarden Euro ist sie weit kleiner als die Hypo Real Estate. Die befürchtete „Kettenreaktion" bei einer Insolvenz der IKB beträfe eher den „Imageschaden" für den deutschen Finanzplatz als reale Gefahren.

Am 21. August 2008 verkaufte die KfW ihre Anteile in Höhe von 90,8% an den amerikanischen Finanzinvestor LoneStar. Der Kaufpreis betrug nach nicht bestätigten Presseberichten nur noch 115 Mio. Euro.

Immobilienfonds

Mit Hilfe eines Immobilienfonds sichert man sich Anteile an Immobilien. Kreditfinanzierer bei einem konkreten Projekt ist bei einem „geschlossenem Immobilienfonds" oftmals die vermittelnde Bank. Verbraucher, die sich darauf einlassen, beklagen häufig, dass die ursprünglich geschätzten Mieteinnahmen viel zu hoch, die Zinsbelastungen der Objekte dagegen viel zu niedrig angesetzt werden. Es besteht Klagemöglichkeit, es müssen aber z. B. mangelnde Aufklärungen der Bank nachgewiesen werden.

Bei einem „offenen Immobilienfonds" kann das eingesetzte Kapital grundsätzlich jederzeit eingezahlt und wieder entnommen werden. In der Regel besteht ein offener Immobilienfonds aus einer großen Zahl von Anteilseignern und investiert auch in eine größere Anzahl von Einzelobjekten

„Indianer"

Im Kampf gegen „Steuerparadiese" ging SPD-Finanzminister Peer Steinbrück manchem zu weit. Zweimal ließ die Schweizer Regierung in Bern den deutschen Botschafter einbestellen, jedesmal nach allzu flapsigen Äußerungen Steinbrücks. Zunächst hatte dieser gefordert: „Statt Zuckerbrot müssen wir auch mal die Peitsche walten lassen." Doch dem setzte er am Rande des G20-Finanzministertreffens in London noch einen drauf. Eine diskutierte „Schwarzen Liste" gegenüber der Schweiz verglich er mit der "siebten Kavallerie vor Yuma", die man auch in den Kampf schicken könne. Steinbrück weiter: "Aber die muss man nicht unbedingt ausreiten. Die Indianer müssen nur wissen, dass es sie gibt". Die Schweizer Außenministerin Calmy-Rey reagierte pikiert. Vor dem Nationalrat, der großen Kammer des Schweizer Parlaments, urteilte sie: "Diese Äußerungen sind meiner Meinung nach unannehmbar, sie sind beleidigend und aggressiv sowohl was den Inhalt als auch was die Form betrifft."

Inflation

Die Inflation bezeichnet einen allgemeinen Anstieg des Preisniveaus für Waren und Dienstleistungen.

Inflationstreibend gelten vor allem allgemeine Lohnsteigerungen und eine Ausweitung der Geldmenge durch die Zentralbanken. Auf Nachfrageseite kann eine starke Nachfrage nach Waren und Dienstleistungen, die vom Angebot nicht mehr gedeckt werden können, Inflation ankurbeln.

Folge der Inflation ist, dass für dieselbe Geldmenge weniger Güter erhältlich sind. In Deutschland wird die Inflation durch den Verbraucherpreisindex gemessen, der aufgrund eines „Warenkorbs" ermittelt wird, der wiederum bezogen auf ein Basisjahr den Bedarf eines durchschnittlichen Haushaltes wiedergibt. Die „gefühlte Inflation" der Verbraucher kann weitaus höher liegen, da der individuelle Bedarf mitunter stark vom durchschnittlichen statistischen Wert abweicht.

Eine gemäßigte Inflation kann sich durchaus positiv auf die Arbeitslosenquote auswirken. In Deutschland ist man aber angesichts der Erfahrungen der 20er Jahre mit einer galoppierenden Inflation und einer praktischen Wertlosigkeit von Papiergeld einer rigiden Politik der Inflationsbekämpfung zugeneigt.

Die weltweiten Rettungs- und Konjunkturprogramme mit einem bis dato noch nicht gekanntem Milliardenvolumen lässt mittel- und langfristig eine deutlich steigende Inflation erwarten.

Nach dem Jahr 2010 wird für Deutschland mit einem starken Anstieg der Inflationsrate auf 5%-10% gerechnet.

J

JC Flowers

J.C. Flowers & Company ist eine Investoren-Gesellschaft, die 2002 von J. Christopher Flowers, ehemaliger Partner bei Goldman Sachs, gegründet wurde.

In den Turbulenzen rund um die marode „Hypo Real Estate" steht Flowers im Mittelpunkt der Kritik. Flowers, der zusammen mit befreundeten Anlegern rund 22 Prozent an der HRE hält, lehnt das offizielle Übernahmeangebot der SoFFin ab. Auch direkte Verhandlungen mit ihm scheiterten. Er will bei der HRE beteiligt bleiben, da er im Falle einer Sanierung der Immobilienbank von einer starken Wertaufholung profitieren würde. Die Strategie von Flowers bleibt dennoch undurchsichtig. Der Deutsche Bundestag hat mit breiter Mehrheit die Enteignung der Eigentümer der Hypo Real Estate beschlossen, so dass der Bund ohnehin die Kontrollmehrheit erlangen würde. Die inzwischen beantragte und von der HRE-Hauptversammlung genehmigte Kapitalerhöhung ermöglichen durch ein sogenanntes „squeeze out" zudem auch ohne die Möglichkeit einer Enteignung die Herausdrängung von JC Flowers, so dass eine Verhandlungslösung sinniger gewesen wäre und dem Allgemeinwohl mehr gedient hätte als die durch das Scheitern einer Einigung nötig gewordenen Schritte. Falls die Enteignungs-Option doch noch zum Zuge kommt, wird JC Flowers offenbar den Rechtsweg beschreiten, wofür er bereits Rechtsgutachten eingeholt hatte. Vereinzelt kritische Stimmen gegenüber einer möglichen Enteignung und die Brandmarkung als „Präzedenzfall" ist angesichts der Dimension des HRE-Finanzbedarfs, der durch die öffentliche Hand getragen werden muss, und ohne diesen das Unternehmen bereits in Insolvenz wäre, nicht mehr einleuchtend. Die angebotene Entschädigung von 1,39 Euro pro Aktie liegt auch weit über dem aktuellen Börsenkurs. Der Bund wird voraussichtlich mit seiner Strategie, auch ohne Enteignung eine Kontrollmehrheit zu erlangen, Erfolg haben, wobei aber die Entschädigungsleistungen nachgebessert werden könnten.

JP Morgan Chase

JP Morgan Chase besteht in der heutigen Form erst seit dem Jahre 2008; als Folge der Finanzkrise hat es zahlreiche Übernahmen bzw. Zusammenschlüsse gegeben. Das JP Morgan Chase-Konzerngeflecht entstand dabei aus der Chase Manhattan Bank, J. P. Morgan Chase & Co., Bank One, Bear Stearns und der Washington Mutual. Durch dieses Vorgehen konnte man zwar viele systemrelevante Banken vor dem endgültigen Zusammenbruch retten, andererseits übernimmt man damit auch die Probleme dieser geretteten Unternehmen.
Ursprünglich wurde JP Morgan unter dem Namen „New York Chemical Manufacturing Company" 1823 als Chemikalienherstellerin gegründet. Bereits im folgenden Jahr änderte sie ihr Geschäftsfeld und betätigte sich fortan

als Bank.

JP Moragn Chase gilt nicht nur durch ihre Zukäufe als Profiteurin der Finanzkrise, im 1. Quartal 2009 erwirtschaftete es immerhin auch einen Überschuss von 2,1 Milliarden US-Dollar.

Auch in Deutschland macht JP Morgan Chase von sich Reden. Von den Berliner Verkehrsbetrieben (BVG) fordert es 112 Millionen US-Dollar für Verluste aus Wertpapiegeschäften. Über die entsprechende Klage entscheidet ein Londoner Gericht.

K

Kauphting Bank

Die isländische Kauphting Bank ist in anderen europäischen Staaten mit aggressiven Zinsangeboten auf Kundenfang gegangen. Nachdem der isländische Finanzplatz in Folge der Finanzkrise kollabierte, wurden die Spareinlagen gesperrt.

Die deutschen Kunden der Kauphting-Bank sollen ihre Spareinlagen nach den Worten von Bundesfinanzminister Peer Steinbrück (SPD) vollständig rückerstattet bekommen. Der Einlagensicherungsfonds Islands werde mit deutscher Unterstützung das Geld an die deutschen Kunden auszahlen. Das Institut ist nicht Mitglied im Einlagensicherungsfonds deutscher Banken, so dass hieraus keine Entschädigung erfolgt. Die BaFin hat die Konten der Kauphting Bank in Deutschland eingefroren, was aber nicht zur Beschleunigung der Rückzahlungen an die deutschen Sparer beigetragen hat.

Karmann

Die Wilhelm Karmann GmbH ist ein Autozulieferer mit Hauptsitz in Osnabrück. Es ist eine der traditionsreichsten Firmen in diesem Wirtschaftssektor und beliefert bereits seit seiner Gründung 1901 Autofabrikanten mit

Fahrzeugteilen. In jüngster Zeit wurden insbesondere sämtliche Cabriolets der Marken VW Käfer und Golf sowie VW Scirocco und Corrado von Karmann gefertigt.

Die zunehmenden Überkapazitäten auf dem Automarkt sowie eine verändertes Kundeninteresse ließ jedoch auch den Autozulieferermarkt straucheln, wovon auch Karmann, das inzwischen weltweit Produktionsstätten aufgebaut hatte, betroffen ist.

Am 8. April 2009 hat die Wilhelm Karmann GmbH Insolvenz angemeldet.

KfW

Die „Kreditanstalt für Wiederaufbau" firmiert inzwischen als KfW-Bankengruppe und wurde am 16. Dezember 1948 gegründet, um die nach dem Krieg brachliegende Wirtschaft mit Krediten zu versorgen. Inzwischen gibt man vor allem Investitionskredite an den Mittelstand, finanziert Infrastrukturmaßnahmen und gewährt Kredite für Existenzgründer.

Hauptsitz der KfW Bankengruppe ist Frankfurt a. M., weitere Standorte sind Berlin und Bonn. Insgesamt sind bei ihr 3500 Mitarbeiter beschäftigt.

Durch vielfache Engagements ist auch die KfW von der Finanzkrise betroffen, gleichwohl fehlt es aber an der Transparenz, um deren Tragweite beurteilen zu können. Ein großer Posten dürfte die Übernahme von risikobehafteten Positionen der IKB im Umfang von bis zu einer Milliarde Euro darstellen. Außerdem ist die KfW im isländischen Bankensektor engagiert, das von der Finanzkrise ganz besonders betroffen ist. Für öffentliche

Aufregung sorgte die Tatsache, dass die KfW noch am 15. September 2008 einen Betrag von etwa 350 Millionen Euro an die amerikanische Investmentbank „Lehman Brothers" überwiesen hat, obwohl deren bevorstehende Insolvenz zu diesem Zeitpunkt bereits bekannt war. Dies hatte personelle Konsequenzen: Die beiden zuständigen Vorstandsmitglieder Peter Fleischer und Detlef Leinberger wurden von ihren Ämtern abberufen und die bestehenden Dienstverträge gekündigt. Auch der Vorstandssprecherposten ist Gegenstand ständigen Wechsels: Nachdem Ingrid Matthäus-Maier (SPD) bereits im April 2008 ihr Amt niedergelegt hatte, tat dasselbe ihr Nachfolger Wolfgang Kroh am 1. September 2008. Nach-Nachfolger ist Dr. Ulrich Schröder, dessen Amt nunmehr den Titel „Vorstandsvorsitzender" trägt.

Kritisch wird im Zusammenhang mit der Finanzkrise auch gesehen, dass die geplanten Hilfen für Mittelständler und Kleinunternehmer nicht direkt bei der KfW abgerufen werden können, sondern für die Abwicklung die jeweiligen Hausbanken zuständig sind. Diese verfolgen aber gegenwärtig eine sehr restriktive Mittelvergabe, weswegen die initiierten Hilfen ja erst notwendig wurden. Wenn Kredite dann doch bewilligt werden, dann präferieren die durchführenden Banken hauseigene, aber nicht die -mit viel bürokratischem Aufwand verbundenen- Angebote der KfW. So entsteht die paradoxe Situation, dass einerseits eine starke Kreditnachfrage besteht, andererseits aber die vorhandenen Mittel nicht abgerufen werden. Somit ist die Klage vieler Mittelständler und Kleinunternehmer verständlich. Das verwirrende Bild komplettiert sich, wenn man sich vergegenwärtigt, dass die Porsche AG aufgrund ihrer Spekulationen mit der VW-Aktie in solch eine

Schieflage geraten ist, dass sie nunmehr bei der KfW
Hilfen in Milliardenhöhe beantragt hat. Presseberichten
zufolge stehen die Chancen auf Bewilligung gut.

L

LBBW

Die Landesbank Baden-Württemberg (LBBW) ist eine deutsche Landesbank mit über 200 Filialen und rund 13000 Mitarbeitern mit Sitz in Stuttgart, Karlsruhe, Mainz und Mannheim.

Sie geht auf die 1818 gegrüpndete „Württembergsche Sparkasse" zurück, welche ab 1916 als „Württembergsche Kommunale Landesbank" agierte.

In jüngster Zeit wird die LBBW aufgrund ihrer bis dato soliden Finanzstruktur immer wieder als Fusionspartner anderer Landesbanken ins Spiel gebracht. In der Tat wurde bereits am 1. April 2008 die krisengschüttelte SachsenLB in die LBBW integriert. Mit weiteren Umbrüchen im Bereich der Landesbanken ist nicht zuletzt aufgrund der Finanzkrise zu rechnen.

Im Zuge des Lehman-Zusammenbruchs geriet auch die Landesbank Baden-Württemberg in zunehmend unruhigeres Fahrwasser. Im dritten Quartal 2008 verbuchte man einen Verlust vor Steuern von 884 Millionen Euro, worin nach Angaben der LBBW die Belastungen von 1,8 Milliarden Euro in Folge der Finanzmarktkrise enthalten seien.

Die SoFFin prüft inzwischen die Gewährung von

Garantieleistungen für die Landesbank Baden-Württemberg in Höhe von 15-20 Milliarden Euro. Die bis dato grundsolide LBBW wurde damit vor allem durch die Finanzkrise zu einem Sorgenkind. Trotzdem ist sie weiterhin gefragter Fusionspartner. Eine Fusion mit der BayernLB ist von der LBBW angedacht, obwohl bereits die marode SachsenLB übernommen wurde und dieser Kraftakt noch zu verarbeiten ist.. Gleichzeitig wurde 2008 eine Kapitalerhöhung unter Beibehaltung der Eigentümerverhältnisse durchgeführt und die Geschäftsstrategie reformiert. Das risikobehaftete Kreditersatzgeschäft soll verkleinert, die Zusammenarbeit mit den -an Liquidität verfügenden- Sparkassen ausgebaut werden. Offenbar will man sich dem bisher vernachlässigten Privatkundengeschäft verstärkt widmen.

Leerverkäufe

Als Leerverkauf bezeichnet man die Veräußerung eines Wertpapiers, das der Verkäufer zum Verkaufszeitpunkt noch nicht besitzt. Sollte das Wertpapier im Wert sinken, so profitiert der Verkäufer von dem Geschäft. Dies basiert auf der Tatsache, dass er nach dem Verkauf das entsprechende Papier beschaffen muss, also hier einen niedrigeren Preis erhofft.
Auf dem deutschen Markt muss die Lieferung des Wertpapiers durch den Leerverkäufer innerhalb von zwei Geschäftstagen geschehen.
Leerverkäufe sind seit jeher stark umstritten. Bereits beim Börsencrash 1929 wurden sie vom damaligen

Untersuchungsausschuss des US-Kongress als Hauptursache des Absturzes ausgemacht.

In Deutschland kann die BaFin Leerverkäufe nach § 4 Abs. 1 des Wertpapierhandelsgesetzes einschränken oder untersagen, wenn eine erhebliche Marktstörung droht.

Lehman Brothers

Die Lehman Brothers Inc. war eine bedeutende Investmentbank mit Sitz in New York, die im September 2008 in Folge der Finanzkrise Insolvenz anmelden musste. Die Tatsache, dass der amerikanische Staat Lehman Brothers Finanzhilfen verweigerte, ließ einen weltweiten Börsencrash entstehen und das Vertrauen in die Finanzmärkte derart schwinden, dass sich die Bonität zahlreicher Bankinstitute dramatisch verschlechterte.

Lehman Brothers wurde 1850 von den Brüdern Henry, Emmanuel und Mayer Lehman in Montgomery, Alabama zunächst als Gemischtwarenhandel gegründet. Schon bald wurde die Geschäftstätigkeit auf den Baumwollhandel ausgedehnt, aus dem dann der Investmentbankenhandel erwuchs. Der Sitz des Instituts wurde schließlich nach New York verlegt.

Nach zahlreichen Fusionen und Abspaltungen wurde Lehman Brothers 1994 wieder selbständig, im Mai 2007 kaufte man schließlich den Immobilieninvestor Archstone-Smith. Nicht zuletzt dieser Kauf war es, der Lehman Brothers anfällig für die Auswirkungen der Immobilienkrise werden ließ.

Im Laufe des Jahres 2008 wurden zwei Kapitalerhöhungen notwendig, die erste in Höhe von 4 Milliarden US-Dollar, die zweite in Höhe von 5 Milliarden US-Dollar.

Lehman Brothers teilte schließlich am 10. September 2008 mit, dass sie Verluste in Höhe von 3,9 Milliarden US-Dollar für das dritte Quartal 2008 erwarte. Die Suche nach einem Käufer für die Immobiliensparte gestaltete sich erfolglos. Der amerikanische Finanzminister Henry Paulson lehnte wiederum Hilfen für Lehman Brothers ab, obwohl andere Immobilienfinanzierer wie Fannie Mae und Freddie Mac gestützt worden waren. Insbesondere in der Republikanischen Partei wuchsen die Zweifel an der „Verstaatlichungspolitik", andererseits konnte Paulson keinerlei tragfähigen Argumente vorbringen, warum die einen gestützt werden, die anderen jedoch nicht. Diese Weigerung Paulsons wird als Auslöser der Börsenkrise im Herbst 2008 gesehen, die weltweit den Finanzsektor in Bedrängnis brachte. Am 15. September 2008 musste Lehman Brothers schließlich Insolvenz anmelden, 24988 Beschäftige verloren ihren Job. Viele fragten sich: „Warum gerade wir?"

M

Magna

Die Magna International Inc. ist ein österreichisch-kanadischer Automobilzulieferer mit Sitz in Aurora/Ontario und Oberwaltersdorf/ Niederösterreich.

Das Unternehmen ist börsennotiert und hat 74 000 Beschäftigte in 25 Ländern.

Gegründet wurde es 1957 vom „Selfmademan" Frank Stronach, dem hervorragende Kontakte zur österreichischen Politik nachgesagt werden. Der frühere österreichische Finanzminister Karl-Heinz Grasser (FPÖ) war von 1998 bis 1999 im Magna-Konzern als Vizepräsident für „Human Resources and Public Relations" tätig. Der ehemalige österreichische Bundeskanzler Franz Vranitzky ist seit 1997 Mitglied im Aufsichtsrat.

Im Bieterwettbewerb um Opel konnte sich Magna gegen den italienischen Automobilhersteller Fiat sowie gegen Investoren aus China und den USA durchsetzen, insbesondere deshalb, weil es durch seine Geschäftskontakte nach Russland auf dem osteuropäischen Markt gut aufgestellt ist. Es ist allerdings nur eine Minderheitsbeteiligung von Magna bei Opel geplant, wobei Magna „nur" eine dreistellige Millionensumme investiert. Mit erheblichem Stellenabbau an deutschen Opel-Standorten ist zu rechnen. Nachdem nur ein

Vorvertrag mit General Motors und dem Bund abgeschlossen worden ist, sind Einzelheiten noch auszuhandeln.

Märklin

Märklin ist ein traditionsreicher Modellbahnhersteller aus Göppingen. Obwohl Märklin in diesem Segment Marktführer ist, musste es für seine deutschen Standorte am 4. Februar 2009 Insolvenz anmelden. Experten kritisieren die aufwändige Herstellung der Märklin-Bahnen und vor allem die hohen Ladenpreise, die nur noch wenige Sammler aufbringen wollen. Dennoch wird Potential für ein Weiterleben des Spielzeugherstellers gesehen, wenngleich es erneut durch Millionenhonorare für Berater in die Schlagzeilen kam.

Merkel-Garantie

Die „Merkel-Garantie" bezeichnet das Versprechen der Bundesregierung, alle privaten Spareinlagen zu ersetzen, wenn diese in Folge der Finanzkrise verloren gehen, z. B. durch eine Insolvenz der betreffenden Bank. Wörtlich heißt es in der Regierungserklärung der Bundeskanzlerin vom 7. 10. 2008: „In der derzeitigen Situation ist es entscheidend, das verlorengegangene Vertrauen in die Finanzmärkte wiederherzustellen. Dazu gehört auch die Erklärung vom Sonntag, dass kein Sparer um seine Einlagen fürchten muss." Und weiter: "Diese Erklärung gilt." Am besagten

Sonntag vor der Regierungserklärung waren Merkel und Bundesfinanzminister Steinbrück vor die Presse getreten und hatten von einem Milliarden-Finanzloch bei der „Hypo Real Estate" berichtet. In diesem Zusammenhang hatte Merkel eine Garantie für sämtliche Einlagen auf den Spar-, Termin- und Girokonten deutscher Banken abgegeben.

Beobachter spekulierten zunächst, ob diese Erklärung versehentlich abgegeben wurde oder die Äußerung falsch interpretiert worden seien. Unklar ist auch weiterhin, ob diese Erklärung juristisch bindend ist und welche Leistungen sie konkret umfasst. So ist allein schon zu fragen, was unter „deutschen Banken" zu verstehen ist, und ob dies deutsche Niederlassungen von Banken anderer Länder miteinschließt. Ferner ist bei einem Staatsbankrott das gegebene Versprechen naturgemäß nicht einzuhalten. Allerdings führte die „Merkel-Garantie" zu einer Beruhigung der privaten Anleger, so dass ein befürchteter Ansturm auf die Banken, um evtl. Sparguthaben aufzulösen, ausblieb.

Merril Lynch

Die Investmentbank Merril Lynch wurde am 6. Januar 1914 durch Charles E. Merrill in New York gegründet. Im gleichen Jahr trat der zweite Namensgeber Edmund C. Lynch in das Unternehmen ein. 1971 ging es an die Börse, 2006 erfolgte eine Fusion mit dem Finanzunternehmen BlackRock.

Weit vor anderen Investmentbanken zeichnete sich bei

Merill Lynch ein desaströser Verlauf an. Im letzten Quartal 2007 musste ein Rekordverlust von 9, 91 Milliarden US-Dollar hingenommen werden. Zunächst versuchte Merrill Lynch noch durch Stellenabbau und einer Stärkung der Kapitalbasis mittels milliardenschwerer Verkäufe eigener Aktien die Krise aufzuhalten. Dies blieb erfolglos.

Am 1. Januar 2009 wurde Merril Lynch zur Tochtergesellschaft von Bank of America und verlor damit nach einer über 90jährigen Unternehmensgeschichte seine Eigenständigkeit. Innerhalb der Bank of America Corporation ist Merril Lynch nun für Investmentbanking und Kapitalmarktgeschäfte zuständig.

Morgan Stanley

Die Existenz von Morgan Stanley ist das Ergebnis einer gesetzlich vorgeschriebenen Aufteilung der Investmentbank JP Morgan, die am 5. September 1935 erfolgte. 1997 fusionierte Morgan Stanley mit dem Finanzdienstleister Dean Witter.

Auch anhand der damit gewonnenen Stärke konnte man sich relativ lange gegen die Folgen der Finanzkrise behaupten. Während Morgan Stanley im letzten Quartal 2007 nach Rekordabschreibungen noch in den roten Zahlen stand, konnte sie im ersten Quartal 2008 wieder ein Gewinn von 1, 55 Milliarden US-Dollar verbuchen. Trotzdem wuchsen im Frühherbst 2008 die Sorgen, Morgan Stanley könnte zusammenbrechen, ihre Aktien sackten um bis zu 40% ab.

Im September 2008 gab Morgan Stanley schließlich den Status einer Investmentbank auf. Es verbleibt mit Goldman

Sachs die letzte verbliebene Investmentbank an der Wall Street.

O

Öl

Das Fortschreiten der Finanzkrise Ende 2008/ Anfang 2009 war mit einem starken Niedergang des Ölpreises verbunden, was viele Beobachter erstaunte. Ein niedriger Ölpreis ist im Normalfall ein Heilmittel für die Konjunktur, das Gegenteil begünstigt dagegen inflationäre Tendenzen. Der Beginn der Finanzkrise war jedoch mit einem starken Preisanstieg am Ölmarkt verbunden, noch im Juli 2008 musste je Fass 145 Dollar bezahlt werden – ein Rekordpreis. Verantwortlich gemacht wird dafür der immer weiter steigende Bedarf des boomenden China. Eine der Hauptlieferanten, Saudi-Arabien, reagierte jedoch nicht wie erwartet mit einer Steigerung der Fördermenge, was den Preis in die Höhe schnellen ließ. Der Ölpreisschock, der durch Spekulationen an den Warenbörsen noch gestärkt wurde, hatte dramatische Auswirkungen. Kleinverbraucher, insbesondere in den Vereinigten Staaten, die mit Einkommensverlusten und zunehmenden Schuldenlasten zu kämpfen hatten, stiegen von teuren Geländewagen amerikanischer Hersteller wie Chrysler und General Motor auf kleinere Modelle um. Da die amerikanische Konjunktur aber im wesentlichen auch von den großen Autoherstellern abhängt, war dies ein entscheidendes Element für die darauf folgende Rezession.

Opel

Die lange Geschichte der Adam Opel AG mit Sitz in Rüsselsheim beginnt mit der Gründung einer Nähmaschinenfabrik durch Adam Opel im Jahr 1862. Die Geschäftstätigkeit wurde sowohl hinsichtlich des Vertriebs als auch in der Herstellungsbreite immer größer. 1886 entschied man sich, fortan auch Fahrräder herzustellen, was damals noch „Hochräder" waren. Diese Fahrradproduktion wurde bis in die 30er Jahre des 20. Jahrhunderts aufrechterhalten.

Erst im Frühjahr 1899 wurde der erste Opel-Patent-Motorwagen „Lutzmann" hergestellt, der noch mit Handkurbel angelassen werden musste.

Die Anfangsjahre waren durch ein überschaubares Geschäft gekennzeichnet. Noch vor dem 1. Weltkrieg blieb der Automobilbestand in Deutschland deutlich hinter anderen Ländern zurück. 1914 betrug er 60 876, in Frankreich aber 100 000 und in Großbritannien 178 000. Die Vereinigten Staaten waren -auch aufgrund der sehr rationellen Herstellung dank der dort erfundenen Fließband-Produktion- bei knapp 200 000. Und das obwohl sich auch in Deutschland eine breit angelegte Automobilindustrie mitsamt vielen Zuliefererbetrieben gebildet hatte. Der Wunsch, auch nach Europa zu expandieren, veranlasste General Motors nach geeigneten Partnern auf dem Kontinent Ausschau zu halten. Insbesondere weil Opel u. a. mit dem Erfolgsmodell des „Laubfroschs" am ehesten der automatisierten Herstellungsweise der amerikanischen Automobilindustrie entsprach, entschied man sich für das Rüsselsheimer Unternehmen.

Am 17. März 1929 wurde Opel amerikanisch, die GM-Aktivitäten beschränkten sich aber vor allem auf den Aufsichtsrat, das Alltagsgeschäft überließ man den Rüsselsheimern. Der Einstieg brachte zunächst kein Glück: In Folge der Weltwirtschaftskrise sank 1930 die Produktion um fast ein Viertel, Opel machte einen Verlust von über 3 Millionen US-Dollar. Heute, in Zeiten der Finanzkrise, würden sich manche solche Zahlen herbeiwünschen. Man ist zwar mit 25.103 Beschäftigten eine der größten Automobilhersteller Europas, ist jedoch seit Jahren auch krisenerprobt. Insbesondere die Finanzkrise und Forderungen des Mutterkonzerns General Motors, der inzwischen Insolvenz angemeldet hat, machten Opel zu schaffen. Bereits im November 2008 wurde der Finanzbedarf auf 1 Milliarde Euro geschätzt.

Bezüglich möglicher Staatshilfen verwies die Politik auf General Motors, das ein tragfähiges Konzept vorstellen solle. Bundeskanzlerin Merkel betonte, dass Opel nicht systemrelevant sei.

Am 27. Februar 2009 hatte der Aufsichtsrat der Opel GmbH zwar ein Zukunftskonzept für die Schaffung einer „europäischen selbständigen Geschäftseinheit" Opel vorgestellt, dieses wurde jedoch einhellig als nicht ausreichend angesehen. Die Idee einer Herauslösung Opels aus dem Mutterkonzern fand freilich zunehmend Anhänger. Unstrittig ist, dass Opel inzwischen auch ein breites und modernes Verteilernetz mit 736 Händlerbetrieben hat, welches auch für Investoren attraktiv ist. In der Tat meldeten sich mit dem italienischen Automobilhersteller Fiat, dem österreichisch-kanadischem Zulieferer Magna und dem amerikanischen Investor Ripplewood Holdings drei ernsthafte Bewerber. Einer chinesischen

Investorholding wurden von Beginn an wenig Chancen eingeräumt.

Die Verhandlungen gestalteten sich schwierig, Bundeswirtschaftsminister zu Guttenberg brachte immer wieder die Möglichkeit einer Insolvenz mit ins Spiel, was wiederum auf heftige Kritik des SPD-Kanzlerkandidaten Steinmeier stieß. Nach einer Nachtsitzung gab am 30. Mai 2009 die Bundesregierung bekannt, dass Magna zusammen mit der russischen Skerbank den Zuschlag für Opel erhalten habe Magna übernimmt danach Anteile in Höhe von 20%, die Skerbank in Höhe von 35%. Für Unmut sorgten kurzfristig neue Forderungen von General Motors. Presseberichten zufolge wollten die Vertreter von GM Überweisungen ins Steuerparadies der „Cayman Islands" veranlasst sehen. Später sorgten die „Knebelverträge", wonach Opel nicht in den USA und den Chinas Autoverkäufe tätigen darf, für weiteres Unverständnis in der Öffentlichkeit, wobei es hier nur um Vorverträge handelt, deren Einzelheiten noch verhandelt werden müssen.

Weiterhin sorgte die Opel-Rettung für heftige Debatten um Staatshilfen, wobei zu Guttenbergs Skepsis von vielen geteilt, aber von SPD-Mitgliedern der Bundesregierung auch kritisiert wurde.

Tatsache ist, dass zwei Strategien gleichzeitig Anwendung fanden. Während General Motors inzwischen Insolvenz angemeldet hat, ist Opel den Weg über Staatshilfen gegangen, die wiederum anderen Großkonzernen wie Arcandor versagt blieben. Eine einheitliche wirtschaftspolitische Linie gibt es sowohl national als auch international nicht.

Optionsscheine

Der Optionsschein berechtigt zum Kauf einer bestimmten Anzahl von Aktien eines börsennotierten Unternehmens in einem vorher festgelegten Zeitraum.

Brauchen Unternehmen Liquidität, dann nutzen sie hierfür nicht nur Bankkredite, sondern geben auch sogenannte „Optionsanleihen" aus, die häufig sehr zinsgünstig sind. Beigefügt sind hier eine oder mehrere Optionsscheine, die die Bezugsberechtigung zu einem feststehenden Kurswert beinhalten. Die Optionsanleihe kann auch aufgespalten werden, in eine festverzinsliches Wertpapier und der eigentlichen Bezugsberechtigung (warrants).

Wichtig ist, das Ende der Laufzeit zu beachten, da nach dessen Ablauf der Optionsschein wertlos wird.

P

Paulson, Henry M.

Henry M. Paulson wurde am 28. März 1946 in Palm Beach, Florida, geboren. Bereits von 1970 bis 1972 arbeitete er in der Verwaltung des Verteidigungsministeriums ehe er zur Investmentbank „Goldman Sachs" wechselte, dessen Vorsitz er 1999 übernahm. Am 30. Mai 2006 wurde er von Präsident George W. Bush in das Amt des US-amerikanischen Finanzministers berufen.
Der Ausbruch der Finanzkrise fällt in die Amtszeit Paulsons. Umstritten ist seine Entscheidung, die Investmentbank „Lehman Brothers" nicht zu retten. Folge war ein weltweiter Börsenschock und eine dramatische Zuspitzung der Finanzkrise.
Am 19. September 2008 wurde daraufhin der sogenannte „Paulson-Plan" aufgelegt, ein 700 Milliarden US-Dollar schweres Rettungspaket für den Finanzmarkt.

Pfaff

Der traditionsreiche Nähmaschinen-Hersteller mit Sitz in Kaiserslautern musste am 11. September 2008 Insolvenz anmelden. Das 1862 vom Instrumentenbauer Georg

Michael Pfaff gegründete Unternehmen wurde zur Weltmarke, ist jedoch bereits seit zwei Jahrzehnten krisengeschüttelt. Aktueller Auslöser ist jedoch die Ankündigung des Münchner Finanzinvestors GCI, der 62 Prozent der Pfaff-Aktien hält, seine Anteile an Pfaff zu verkaufen. Und der wiederum ist verflochten mit dem Investor ACP Capital, der Großaktionär bei GCI ist. Die Verschachtelung geht weiter: Der größte Anteilseigner von ACP Capital ist der amerikanische Hedgefonds QVT, der bei ACP ein neues Management installiert hat. Folge: Eine Kettenreaktion, die im beschaulichen Kaiserslautern dazu führt, dass nunmehr 400 Mitarbeiter um ihre Arbeitsplätze fürchten müssen. Im Rahmen des Insolvenzverfahrens hat am 26. März 2009 der mittelständische Maschinenbauunternehmer Joachim Richter die Weiterführung der Geschäfte übernommen.

Piëch, Ferdinand

Ferdinand Piëch wurde am 17. April 1937 in Wien geboren und ist Aufsichtsratsvorsitzender der VW AG, dessen Vorstandsvorsitzender er bereits in den Jahren 1993-2002 war. Daneben ist er Großaktionär der Porsche AG und hält dort 13, 16 % der Stammaktien.
Piëchs Zeit als Vorstandsvorsitzender von Volkswagen ist vor allem durch die umstrittene Personalie des früheren General Motors-Managers Josè Ignacio Lopéz gekennzeichnet, dem vorgeworfen wurde, zahlreiche Interna seines früheren Arbeitgebers mitgenommen zu haben. Außerdem leitete Lopéz umfangreiche

65

Rationalisierungsmassnahmen ein, gleichzeitig erreichte man die Gewinnzone. Die Umstrukturierung Piëchs betraf auch den Einstieg in das Hochpreissegment, z. B. durch den Einstieg bei „Rolls Royce" und der Stärkung der Marke „Audi". Aber auch die Massenproduktion bei Seat und Skoda wurde vorangetrieben.

Die Vorgänge der „Hartz-Affäre" rund um den einstigen VW-Managers Peter Hartz fanden nach dessen Aussagen ohne Piëchs Wissen statt. Es ging dabei um die Begünstigung des ehemaligen Betriebsratsvorsitzenden Klaus Volkert durch Peter Hartz in Form von Geldleistungen und „Lustreisen".

Die Zeit von Piëch als Aufsichtsratsvorsitzender bei VW ist gekennzeichnet durch die erfolgreiche Abwehr des Übernahmeversuches durch die Porsche AG, die daraufhin in eine finanzielle Krise geriet. Bei einer möglichen Fusion VWs wird Piëch weiter als starker Mann im Hintergrund auftreten, wesentliche Personalentscheidungen werden nur mit ihm möglich sein.

Porsche

Die Porsche AG ist ein Sportwagenhersteller mit Sitz in Stuttgart und weiterem Werk in Leipzig.

Unter Leitung des Firmengründers Ferdinand Porsche war das Familienunternehmen 1984 an die Börse gegangen. Aufgrund der relativ kleinen Stückzahlen wurde Porsche lange Zeit als mittelständisches Unternehmen eingestuft, seit dem Börsengang internationalisierte man aber zunehmend die Absatzmärkte und entwickelte sich zum rentabelsten Automobilhersteller der Welt. Aktiv ist man im Hochpreissegment, das bis zum Ausbruch der Finanzkrise ein stetiger Wachstumsmarkt war.

Das Jahr 2008 war die entscheidende Wende für die Porsche AG. Wendelin Wiedeking forcierte die geplante Übernahme der VW AG und erhöhte kontinuierlich den Anteil Porsches am Wolfsburger Unternehmen. Am 16. September 2008 betrug dieser bereits 35,14 %, am 5. Januar 2009 schließlich 50,70 %. Porsche kam zugute, dass der Europäische Gerichtshof das VW-Gesetz, wonach Miteigentümer nur 20% an Volkswagen halten dürfen, für rechtswidrig erklärt hat.

Zum ersten Mal in der Unternehmensgeschichte lag aufgrund der Spekulationen mit den VW-Aktien der Umsatz höher als der Gewinn. Im Geschäftsjahr 2007/2008 lag das Ergebnis vor Steuern bei 8,57 Mrd. Euro nach 5,85 Mrd. Euro im Vorjahr. Doch aufgrund der Verknappung der VW-Aktien auf dem Wertpapier-Markt kam es zu einer Preisexplosion, der die geplante Übernahme zum Bumerang für die Porsche AG machte. Sie geriet in so starke Finanzierungsschwerigkeiten, das sie nun auf staatliche Hilfen angewiesen ist. Es wurde ein Kredit bei der KfW beantragt, Porsche benötigt zur Finanzierung des laufenden Geschäfts 1,75 Milliarden Euro. Die Übernahme von VW wurde abgesagt, nun ist eine Fusion im Gespräche. Hier dürfte Volkswagen der stärkere Part sein, die Zukunft des Porsche-Vorstandsvorsitzenden Wendelin Wiedeking ist dagegen ungewiss.

Q

Quelle

Die Quelle GmbH ist ein deutsches Versandhaus, das 1927 durch Gustav Schickendanz gegründet worden ist. Sie gehört zusammen mit anderen Versandhändlern und dem Homeshopping-Kanal HSE 24 zur Versandhandelssparte der Arcandor AG, seitdem am 29. 3. 2007 die ehemalige Karstadt/Quelle – Holding in „Arcandor" umbenannt wurde. Derzeitige Unternehmensleitung hat Dr. Konrad Hilbers inne, Firmensitz ist Fürth. Die Quelle GmbH hat derzeit 8000 Mitarbeiter und ist seit dem Fall der Mauer durch zahlreiche Tochtergesellschaften vor allem auch im osteuropäischen Ausland aktiv.

Der wirtschaftliche Verlauf der Arcandor AG gestaltete sich zunehmend schwierig, obwohl immer mehr Unternehmensteile veräußert wurden, wie etwa Sinn/Leffers oder Wehmeyer. Vorstandsvorsitzender Thomas Middelhoff, den die Arcandor-Großaktionärin und Firmenerbin Madeleine Schickendanz geholt haben soll, fuhr dabei eine Unternehmensstrategie, die von Anfang an umstritten war. Die zunehmende Auslagerung von Geschäftsfeldern, die Verschachtelung des Unternehmens und die mangelnde Bereitschaft, sich mit der Konkurrenz von Billig-Discountern auseinanderzusetzen, wird ihm zur Last gelegt. Die ebenso umstrittene Zusammenführung von

Karstadt und Quelle geschah freilich vor seiner Zeit. Das Jahr 2009 war geprägt von dem Bemühen, staatliche Hilfen für das Unternehmen zu erlangen, wobei eine Summe von 850 Millionen Euro im Raum stand. Nach der Ablehnung eines „Notkredites" durch die Bundesregierung, insbesondere mit der Begründung, dass die Eigentümer von Arcandor sich zuwenig engagiert hätten, meldete die Arcandor AG am 9. Juni 2009 Insolvenz an. Diese Insolvenz umfasste auch das Versandhaus „Quelle".

Madeleine Schickendanz freilich wehrte sich in der Presse gegen die Vorwürfe. Sie versichert: „Bis zur letzten Sekunde habe ich gehofft und gebangt, um dieses Schicksal abzuwenden. Ich habe stets zum Unternehmen gestanden und auch in schwierigsten Zeiten die Treue gehalten." Und: „Ich habe mich mit meinem gesamtem Vermögen engagiert." Kurz vor der Insolvenzanmeldung musste Madeleine Schickendanz auf einer Intensivstation stationär behandelt werden.

R

Ratingagentur

Ratingagenturen sind private Unternehmen, die die Bonität anderer Unternehmen, vor allem auch von Finanzinstituten, bewerten. Ihre Ergebnisse spielen für Investoren und Gläubiger eine entscheidende Rolle, richtet sich deren Anlageverhalten doch oftmals nach den Ergebnissen dieser Ratings.

In Deutschland spielen die Ratingagenturen auch bei der Bankenaufsicht eine große Rolle. Im Rahmen des Kreditwesengesetzes und den dortigen Mindesteigenkapitalbestimmungen werden auch externe Ratingagenturen zu Rate gezogen.

Bekannte Ratingagenturen sind Standard&Poors, Moody´s und Fitch Ratings.

Kritisiert wird zunehmend die reale Machtfülle der Ratingagenturen, deren Bewertungen teils erhebliche Kursbewegungen der jeweiligen Börsenwerte auslösen können und über weitere Kreditvergaben mitentscheiden. Für die bewerteten Unternehmen kann dies existentiell sein.

Zudem werden die Ergebnisse der Ratings selbst angezweifelt, zumal die Ratingagenturen ebenso wie die Gläubiger selbst oftmals nur über rudimentäre Informationen der bewerteten Unternehmen verfügen.

Eine Kontrolle der Ratingsagenturen wird kontrovers

diskutiert, ebenso wie die Etablierung eines europäischen Ratingsystems.

Rettungsschirm

Der „Rettungsschirm" ist das deutsche Pedant zum amerikanischen „Bail-out". Es bezeichnet die Schuldenübernahme für sogenannte „notleidende Banken", die in Folge der Finanzkrise ins Strauchen gekommen sind. Gesetzliche Grundlage ist das „Finanzmarktstabilisierungsgesetz". Mit Hilfe dieses insgesamt 500 Milliarden Euro schweren Rettungspaketes soll der Finanzfluss zwischen den Banken wieder aktiviert und so eine „Kreditklemme" verhindert werden. Der auch als „Finanzmarktstabilisierungsfonds" gekennzeichnete Rettungsschirm wird durch die SoFFin mit Sitz in Frankfurt a. M. verwaltet.
Zwischenzeitlich wurde auch der Ruf nach einem „Rettungsschirm für Beschäftigung" laut. Es herrscht jedoch Unklarheit über genaue Struktur und Aufgaben eines solchen Schirms; allerdings wurde insbesondere die umstrittene Opel-Rettung mit diesem begründet.

Rosenthal AG

Im Jahre 1879 richtete Philipp Rosenthal im Schloss Erkenreuth eine Porzellanmalerei ein; dies sollte der Beginn einer über 125jährigen Firmengeschichte sein, die das hochwertige Porzellan aus dem fränkischen Schwelb in der Welt bekannt machte. Trotz 163 Millionen Euro Umsatz weltweit (2008) und der Marktführerschaft in Deutschland endete diese Geschichte im Jahr 2009.

Zwei Jahre zuvor konnte Rosenthal noch internationale Beachtung finden, da beim G8-Gipfel in Heiligendamm die Regierungschefs am Konferenztisch der Rosenthal Einrichtung tagten. 2006 errang man mit der Kochgeschirr-Kollektion „Genio" den „Design-Oscar".

Offenbar fehlte Rosenthal ausreichende Liquidität, um die Firmengeschäfte bis zu einem angestrebtem Verkauf an einen strategischen Investor am Laufen zu halten. Am 1. April 2009 wurde das Insolvenzverfahren über die Rosenthal AG vom Amtsgericht Hof eröffnet.

S

SachsenLB

Die Landesbank Sachsen (SachsenLB) wurde am 1. Januar 1992 mit Sitz in Leipzig gegründet. Zunächst oblagen ihr reine Aufgaben einer Förderbank, später wurde sie immer mehr zu einer Investmentbank. Genau dies machte sie anfällig für die Risiken der Hypothekenkrise. Insbesondere ihre irische Tochtergesellschaft „SachsenLB Europe plc" mit Sitz in Dublin war davon betroffen.

Aufgrund mangelnder Liquidität musste der SachsenLB seitens der sächsischen Sparkassen eine Kreditlinie von 17,3 Milliarden Euro gewährt werden.

Die Suche nach einem Investor für die SachsenLB bzw. nach einem geeignetem Fusionspartner gestaltete sich schwierig und geschah unter Zeitdruck. Schließlich wurde am 1. April 2008 die SachsenLB mit der Landesbank Baden-Württemberg (LBBW) verschmolzen und erlosch damit. Ihre Rechtsnachfolgerin ist nunmehr die LBBW.

In einer Sondersitzung des sächsischen Landtags übernahm der sächsische Finanzminister Horst Metz die politische Verantwortung für das SachsenLB-Desaster und erklärte seinen Rücktritt.

Am 27. Mai 2008 trat schließlich auch der sächsische Ministerpräsident Georg Milbradt zurück. Ihm wurde Versagen in seiner Zeit als sächsischer Finanzminister und die Inanspruchnahme privater Kredite von der SachsenLB in den Jahren 1996 bis 1999 vorgeworfen.

Schaeffler

Die Schaeffler-Gruppe ist ein deutscher Automobilzulieferer in Familienbesitz, ihr Stammsitz ist Herzogenaurach. Das Unternehmen beschäftigte 2008 in Deutschland 30 000 Mitarbeiter, weltweit 71 000.

Marie-Elisabeth Schaeffler und ihr Sohn Georg F. W. Schaeffler, der in Dallas/USA als Wirtschaftsanwalt tätig ist, sind seit dem Tod Georg Schaefflers im August 1996 die alleinigen Gesellschafter der Schaeffler KG .

Öffentliche Aufmerksamkeit erfuhr die bis dato nur Branchenkennern bekannte Schaeffler-Gruppe, weil sie sich intensiv um eine Übernahme des größeren Mitbewerbers, der Continental AG, bemühte. Mehrere Übernahmeangebote, zuletzt von 75, 00 EUR pro Continental-Aktie, wurden den dortigen Aktionären unterbreitet. In einer Investorenvereinbarung vom 21. August 2008 wurde dieser Preis festgeschrieben, ebenso das Engagement von Schaeffler für die nächsten 4 Jahre auf 49,99% festgehalten. Nach Zusammenbrechen des Continental-Kurswertes in Folge der weltweiten Finanzkrise ist ein Schuldenberg die Folge; nach Schätzungen beläuft sich dieser bei Continental und Schaffler zusammen auf 23 Milliarden Euro.

Die im Sommer 2008 noch vielfach auch in der Öffentlichkeit begrüßte Übernahme wird nun weitaus pessimistischer gesehen. Insbesondere die Unternehmerin Marie-Elisabeth Schaeffler steht nun im der Kritik. Ihre Versuche, Staatshilfen zu erlangen, sorgen mitunter für Empörung. Marie-Elisabeth Schaeffler dazu: „Den Staat um Geld zu bitten ist das Letzte, was man sich als Unternehmerin wünscht." Und weiter: "Ohne eine zeitlich begrenzte finanzielle Überbrückung durch den Staat wird es für die Einheit und Zukunft von Continental und Schaeffler schwierig." Im Gegenzug will die Schaeffler-Gruppe die Mitbestimmung stärken und transparenter werden. Noch ist über die Staatshilfen nicht entschieden, die Mitarbeiter beider Unternehmen fürchten um ihre Arbeitsplätze.

Schweinezyklus

Als „Schweinezyklus" bezeichnet man eine periodische Schwankung auf der Angebotsseite; diese stellte man zunächst anhand des Marktes für Schweinefleisch Ende der 20er fest. Seitdem findet der Begriff in zunehmenden Masse auch in sämtlichen anderen Wirtschaftssegmenten Anwendung.

Ein „Schweinezyklus" entsteht, wenn bei hohen Preisen verstärkt investiert wird, dieses sich aber nur zeitverzögert in Form eines hohen Angebotes auswirkt. Folgen sind zum einen Überangebot, zum anderen Preisverfall. Auch eine Reduzierung des Angebot kommt nur mit Zeitverzögerung am Markt an, so dass auf dessen Mechanismen nicht adäquat reagiert werden kann. Insbesondere die jüngsten Werftenkrisen sieht man dem „Schweinezyklus" geschuldet, da die massiven Investitionen, die getätigt werden müssen, in der Regel in Boomphasen erfolgen, jedoch erst wirken können, wenn tatsächlich schon eine Talsohle in der Nachfrage erreicht worden ist.

SoFFin

Die „SoFFin" ist die Abkürzung für den „Sonderfonds Finanzmarktstabilisierung". Geschaffen wurde er am 17. Oktober 2008 durch das Finanzmarktstabilisierungsgesetz. Für die Verwaltung des Sonderfonds ist die „Finanzmarktstabilisierungsanstalt" mit Sitz in Frankfurt a. M. zuständig. Sie wurde eigens für dieses Tätigkeit gegründet und wird ebenfalls als SoFFin bezeichnet.

Ihr Präsident ist seit dem 3. Februar 2009 Hannes Rehm, nachdem sein Vorgänger Günther Merl das Handtuch geworfen hatte. Presseberichten zufolge war diesem der Einfluß der Politik zu groß, was in der Tat bereits institutionell nicht von der Hand zu weisen ist. Die Anträge der SoFFin werden nämlich durch einen Lenkungsausschuß entschieden, dem Vertreter des Bundeskanzleramts, des Bundesministeriums für Finanzen und des Bundesministeriums für Wirtschaft und Technologie angehören. Darüber hinaus gibt es ein parlamentarisches Kontrollgremium, das aus 9 Mitgliedern des Deutschen Bundestages besteht.

Die Leistungen des Sonderfonds umfassen die Garantiegewährung, die Rekapitalisierung und die Risikoübernahmen für Unternehmen, die aufgrund der Finanzkrise ins Straucheln geraten sind. Für Garantien steht ein Budget von 400 Milliarden Euro zur Verfügung, für Rekapitalisierung und Risikoübernahmen zusammen 70 Milliarden Euro. 65 % der Kosten der SoFFin werden vom Bund getragen, 35% durch die Länder. Einen Rechtsanspruch auf Leistungen gibt es nicht.

Zunehmend kritisch betrachtet wird die Tatsache, dass die SoFFin bisher nicht veröffentlicht, welche Unternehmen

Anträge auf Leistungen gestellt haben, und somit die Verwendung von Milliardenbeträgen nicht ausreichend transparent gemacht wird. Lediglich das Übernahmeangebot der SoFFin für die Aktionäre der maroden Hypo Real Estate AG (HRE) wurde öffentlich gemacht, die weiteren Hilfen sind der Presse zu entnehmen. Danach hat die HRE bisher staatliche Beihilfen und Garantien in Höhe von 87 Milliarden Euro erhalten, hinzu kommen dort Hilfen durch andere Banken. Die Commerzbank AG soll 15 Milliarden Euro Garantien erhalten haben, die staatliche IKB 5 Milliarden Euro. Hinzu kommen Landesbanken in Höhe von jeweils zweistelligen Milliardenbeträgen. Vermutlich haben noch viele weitere Banken Anträge auf Hilfen, insbesondere in Form von Garantieleistungen, gestellt.

Sparbuch

Private Haushalte haben Anlagevermögen häufig in Form eines Sparbuches bei Banken und Sparkassen angelegt. Hatten vor der Finanzkrise Experten vom Sparbuch eher abgeraten, da der Zinsertrag bisweilen unter der Inflationsrate liegt, erlebt es nun unter Sicherheitsaspekten eine Renaissance. Der Wunsch nach einfacher und seriöser Anlage lässt diese vermeintlich altbackene Variante wieder aufleben. Vertrauen in das Sparbuch wurde vor allem auch durch die „Merkel-Garantie" geschaffen, in der die Bundeskanzlerin Merkel eine Staatsgarantie für alle privaten Spareinlagen versprach.

Staatsbankrott

Die förmliche Erklärung eines Staates, seine Zahlungsverpflichtungen nicht mehr einhalten zu können, bezeichnet man als Staatsbankrott. Dieser hat drastische Auswirkungen – gesetzliche Renten können nicht mehr ausgezahlt, Beamte nicht mehr entlohnt, Investitionen nicht mehr getätigt werden. Laufende Haushaltsposten sind nicht mehr bedienbar.

Oftmals versuchen Staaten durch eine expansive Geldpolitik mit einer raschen Geldentwertung und einer eintretenden Hyperinflation einen Staatsbankrott zu vermeiden. Ein weiterer Ausweg wird in einer Währungsreform gesehen, in Folge derer die bisherigen Zahlungsverpflichtungen nicht mit übernommen werden.

In Folge der Finanzkrise haben viele europäische Staaten an Bonität verloren, insbesondere ehemalige Ostblock-Staaten. Ein weiterer Risikofaktor ist ein ausgeufertes Bankensystem, für das Rettungsschirme und Bürgschaften notwendig werden. Island, bei dem dies in besonderer Weise der Fall war, konnte nur durch ein Milliardenkredit des Internationalen Währungsfonds (IWF) vor einem Staatsbankrott bewahrt werden.

Da von einem weltweiten Staatsbankrott die Rede ist, eine „Weltwährungsreform" diskutiert wird, ist eine Flucht ins Ausland allein aus diesem Grund schon sinnlos. Aber traditionelle Anlageformen wie die des „Krisenmetalls" Gold erleben eine Renaissance. Auch sind paradoxerweise Immobilien, die ja ursprünglich Auslöser der Krise waren, ein beständiger Wert, der auch Staatskrisen überdauert.

Steinbrück, Peer

Peer Steinbrück wurde am 10. Januar 1947 in Hamburg geboren. Er ist SPD-Politiker und war von 2002 bis 2005 Ministerpräsident von Nordrhein-Westfalen.
Am 22. November 2005 wurde Peer Steinbrück zum Bundesfinanzminister ernannt. Gleichzeitig ist er stellvertretender Bundesvorsitzender der SPD und seit 1995 Mitglied der IG Metall.
Die Entstehung und Verstetigung der Finanzkrise fällt in Steinbrücks Amtszeit. Wesentliche Reaktionen der Bundesregierung, wie z. B. die Initiierung des Finanzmarktstabilisierungsgesetzes und des Finanzmarktstabilisierungsergänzungsgesetzes, fallen in sein Ressort.
Ebenso ist das Bemühen, die angeschlagene „Hypo Real Estate" zu verstaatlichen -notfalls auch mit dem Mittel der Enteignung- eine zentrale Aufgabe seiner Politik.
Peer Steinbrücks Äußerungen zu europäischen Steueroasen sorgten für heftige Kritik. Die geplante „Schwarze Liste" gegenüber der Schweiz verglich er mit einer „Kavallerie vor Yuma", die man nicht ausreiten müsse: „Die Indianer müssen nur wissen, dass es sie gibt." Nicht nur in der Schweiz reagierten Politiker und Öffentlichkeit empört. Der österreichische Finanzminister Josef Pröll skandierte: „Das sind Emotionen zur Befriedigung niedriger Instinkte oder für Wahlzwecke."

Stresstest

Der „Stresstest" ist eine Simulation der Veränderung eines Investments von Banken, Fonds und Versicherungsgesellschaften. Damit soll herausgefunden werden, wie groß hier das Anlagerisiko ist bzw. wie hoch die Insolvenzwahrscheinlichkeit beurteilt werden kann.
Insbesondere in Zeiten der Finanzkrise gewinnt das Instrument des Stresstests an Bedeutung. In Deutschland wird es von der „Bundesanstalt für Finandienstleistungsaufsicht" (BaFin) angewandt.
Im Rahmen des amerikanischen Bankenrettungsprogramms wurden 19 führende US-Banken von der amerikanischen Finanzaufsicht Stresstests unterzogen. Die Ergebnisse fielen durchweg positiv aus, waren gleichwohl heftig umstritten. Laut "Wall Street Journal" und "Financial Times" sollte den Instituten nämlich ursprünglich ein deutlich höherer Kapitalbedarf bescheinigt werden. Offenbar konnte das später veröffentlichte Ergebnis ausgehandelt werden.

Systemrelevanz

Der Begriff der „Systemrelevanz" wurde in die wirtschaftspolitische Diskussion mit eingebracht, als es um die Rettung „systemrelevanter" Banken ging. Als Kriterium für eine Rettung wurde die unabdingbare Bedeutung für das herrschende Wirtschafts- und Finanzsystem genannt. Dieses fand schließlich auch ihren Ausdruck in dem Finanzmarktstabilisierungsergänzungsgesetz (FMStErgG), das Enteignungen nur dann erlaubt, wenn sie „zur Sicherung der Finanzmarktstabilität" erforderlich sind. Voraussetzung hierfür ist danach, dass „die Sicherung der Finanzmarktstabilität eine Stabilisierung von Unternehmen erfordert."

Dieses Zurückgreifen auf eine „Systemrelevanz" hat eine längere Tradition, die bereits vor der Finanzkrise ihre Anwendung fand. So galt die Citibank schon Anfang der 90er als „too big to fail".

Da der Begriff selbst allerdings eher schwammig ist, gibt es keine genauen Kriterien oder Variablen, an denen sie sich festmachen könnte.

Spätestens seit der Opel-Rettung wird deutlich, dass das Kriterium der Systemrelevanz in der Praxis zumindest bei der Unternehmen der Realwirtschaft ausfgeweicht wird.

T

T-Bonds

Der Begriff T-Bonds ist eine Abkürzungsform für „Treasury-Bonds". Es handelt sich bei dieser Anlageform um US-Staatsanleihen mit einer Laufzeit von 30 Jahren. Die sogenannten „T-Notes" laufen dagegen bis zu 10 Jahre, T-Bills 13, 26 oder 52 Wochen.

Da die US-Regierung in Zeiten der Finanzkrise verstärkt Anleihen auflegen muss, um liquide zu bleiben, muss sie auch immer attraktivere Konditionen anbieten. Dies setzt wiederum die Preise für die alten, noch laufenden Bonds stark unter Druck. .

Zeitweise griff auch die amerikanische Notenbank „Fed" in den Markt ein und kaufte im großen Stil amerikanische Staatsanleihen. Auf eine starke Nachfrage ist der Staat angesichts seines Finanzbedarfes in der Tat angewiesen. Im Hinblick auf die unsicheren Aktienmärkte sind für viele Anleger Staatsanleihen tatsächlich eine Alternative. Nur das Risiko eines Staatsbankrotts bleibt bestehen. Dieser ist hinsichtlich der USA weniger stark gegeben als bei kleineren Volkwirtschaften. Wachsam sollte der Kleinanleger aber trotzdem sein.

Das Unbehagen vieler Marktteilnehmer angesichts der langfristigen Belastung der Staatshaushalte ist begründet, eine kontinuierliche Ausweitung der Staatsanleihen nur bei künstlich niedrig gehaltenen Zinsen möglich.

U

UBS

Die UBS ist die größte schweizerische Bank und die größte Vermögensverwalterin der Welt mit Sitz in Zürich und Basel. Sie beschäftigt 77783 Mitarbeiter (2007), ihre Bilanzsumme beträgt über 2 Billionen Schweizer Franken. CEO ist seit dem 26. Februar 2009 Oswald Grübel, er ist der Nachfolger von Marcel Rohner. Sie verwaltet 3, 189 Billionen Schweizer Franken an Kundengeldern (2007).

Die UBS entstand 1997/1998 als Nachfolgeinstitut der Schweizerischen Bankgesellschaft (gegründet 1912) und dem Schweizerischem Bankverein (gegründet 1854), sie ist börsennotiert.

Mit ihren weltweiten Immobilieninvestments, die durch das Immobiliensegment der Siemens Kapitalanlagegesellschaft mbh sowie durch die Übernahme der brasilianischen Investmentmentbank Banco Pactual S. A. noch ausgeweitet wurden, ist die UBS von den Krisenerscheinungen auf dem internationalen Immobilienmarkt hart betroffen. Am 10. Dezember 2007 musste die UBS zusätzliche Abschreibungen in Höhe von 10 Milliarden US-Dollar vornehmen. Zugleich wurde eine Kapitalerhöhung im Umfang von CHF 13 Milliarden in Form einer Privatplatzierung zweier Investoren vorgenommen. Zudem wurden der UBS 60 Milliarden US-Dollar an Staatshilfe zugesprochen, dieser Betrag wurde später auf 39, 1 Milliarden US-Dollar verringert. Getragen wird die Hilfe vom schweizerischen Stabilisierungsfonds. Dieser geringere Betrag ist dadurch zu erklären, dass durch neu eingeführte Buchungsregeln Vermögenswerte als Ausleihungen oder Forderungen deklariert werden können, so dass sie nicht mehr zu Marktpreisen taxiert werden müssen.

Dass die UBS so hart betroffen ist, verwundert zumindest dann, wenn man der Eigendarstellung des Instituts folgt. Nach Angaben der Eidgenössischen Bankenaufsicht wurde das Immobiliengeschäft von der UBS selbst so bewertet: „Die UBS beantwortete Anfang März 2007 unsere Frage nach ihrer Risikoexposition im Subprime-Markt mit der beruhigenden Feststellung, die Investmentbank sei voll abgesichert, ja sogar überabgesichert."

Jetzt sehen viele die Gelegenheit gekommen, alte Rechnungen zu begleichen. So kommen Vorwürfe zu Tage über die Rolle der UBS bei der Krise rund um die Schweizerische Fluggesellschaft Swissair, die im Herbst 2001 ihren Flugbetrieb vorläufig einstellen musste. Angeblich war der der damalige UBS-Präsident Marcel Ospel ausgerechnet in dieser Krisensituation nicht zu erreichen.

Zudem wird der UBS ein zu starkes Immobilieninvestment in den USA zur Last gelegt, das auch dann noch erfolgte, als die Krise längst absehbar war. Zudem regt sich Unmut, dass die UBS zu stark auf Geschäftskunden ausgerichtet ist, private Sparer dagegen mit geringen Zinsen „abspeist" werden. Hier sind also viele Krisenherde, die sich ausgerechnet auf dem sonst so begehrten Finanzplatz der Schweiz auftun. Hinzu kommen grundsätzliche Probleme der Eidgenossen, die sich insbesondere von deutschen

Politikern Vorwürfe gefallen lassen müssen, dass ihr Bankgeheimnis zu stark ausgeprägt ist. Die verbalen Angriffe des deutschen Finanzministers Peer Steinbrück (SPD), der hier verschärfte Regulierungen einfordert, stehen hier sinnbildlich für das Bemühen, sogenannte „Steueroasen" auszutrocknen.

V

VW

Die Volkswagen AG ist ein am 28. Mai 1937 gegründeter Automobilhersteller mit Sitz in Wolfsburg/Niedersachsen.

Das Unternehmen ist eng mit der deutschen Geschichte verbunden. Nachdem VW zunächst die Massenproduktion von Kleinautos übernehmen sollte, wurde es später in den Dienst der Kriegswirtschaft gestellt und für die Produktion von Rüstungsgütern eingesetzt. Nach dem Krieg galt der neu produzierte „VW Käfer", dem man anfangs keine großen Zukunftsaussichten vorhersagte, als Sinnbild des Wirtschaftswunders.

VW gilt als Vorreiter in der Automatisierung der Produktion. Insbesondere war es seit Beginn der 1980er führend in der Robotermontage von Außenteilen der PKWs.

Auch in der Arbeitsorgansiation versuchte man neue Wege zu gehen. Dies geschieht vor allem durch das Konzept der „atmenden Fabrik": Wenn viele Aufträge da sind, wird mehr gearbeitet. Im Gegenzug gibt es einen Freizeitausgleich, wenn die Aufträge zurückgehen. Ziel ist, dass rund um die Uhr produziert werden kann.

Trotz zwischenzeitlicher Umsatzkrise ist VW ein gesundes Unternehmen. Es profitiert von der Entwicklung, dass zunehmend „Stadtwagen" gefragt sind, deren Funktionalität im Vordergrund steht. Vor allem US-Autohersteller mit ihrer Präferenz für eher klobige

Geländewagen haben zumindest bei dem heutigen Kundeninteresse das Nachsehen.

Vorstandsvorsitzender von VW ist seit dem 17. November 2006 Martin Winterkorn, der die Nachfolge von Bernd Pischetsrieder antrat. Als Strippenzieher im Hintergrund gilt Ferdinand Piëch, selbst schonmal Vorstandsvorsitzender und derzeit Aufsichtsratsvorsitzender. Nach dem VW-Gesetz ist auch das Land Niedersachen Miteigentümer der VW AG, wobei die dort vorgeschriebene 20%-Marke für andere Miteigentümer vom Europäischen Gerichtshof für rechtswidrig erklärt wurde.

Seit Jahren versucht die Porsche AG kontinuierlich ihre Anteile an der VW AG zu erhöhen, dies artete im Verlauf des Jahres 2008 in eine Übernahmeschlacht aus. Am 16. September 2008 gab Porsche die Erhöhung seines Anteils an der Volkswagen AG auf 35,14% bekannt. Damit ist VW rechtlich ein Tochterunternehmen Porsches. Durch die Übernahmeaktivitäten kam es zu einer Preisexplosion der VW-Aktie, die Porsche selbst in die Krise riss. Am 5. Januar 2009 ließ Porsche zwar mitteilen, dass es nunmehr 50,76% der Volkswagen Stammaktien halte, akute Finanzierungsschwierigkeiten ließen es aber die Übernahmeversuche aufgeben. In der Diskussion ist nun eine Fusion, die aber zugunsten von VW ausfallen dürfte.

W

Werftenkrise

Die Finanzkrise macht sich auch in der Schifffahrt bemerkbar. Konnte die Containerschifffahrt noch vor der Krise zweistellige Wachstumszahlen verzeichnen, ist sie jetzt das Sorgenkind.

Ganze Unternehmen stehen vor dem völligen Aus. Trotz staatlicher Millionenhilfen sind die Wadan-Werften in Wismar und Rostock-Warnemünde zahlungsunfähig. Das seit einem Jahr mehrheitlich in russischer Hand befindliche Schiffbau-Unternehmen meldete beim Amtsgericht Schwerin Insolvenz für insgesamt fünf Firmen an. Auch auf den Werften von Thyssen/Krupp in Kiel und Emden fallen 450 Stellen weg.

Die Werftenkrise verläuft in Zyklen bereits seit Jahrzehnten. 1996 musste etwa die „Bremer Vulkan" Insolvenz anmelden. Die Finanzkrise lässt diesen Zyklus gefährlich werden, da Talsohlen nicht mehr durch Kredite überbrückt werden können.

WestLB

Die Westdeutsche Landesbank Girozentrale (WestLB) wurde am 1. Januar 1969 durch Zusammenschluss der „Rheinischen Girozentrale und Provinzialbank" und der

„Landesbank für Westfalen Girozentrale" gegründet und war schon früh durch seine Auslandsbüros in London (seit 1973) und New York (1975) auch international tätig.

Am 10. April 2007 erfuhr die überraschte Öffentlichkeit von offensichtlichen Fehlspekulationen im Aktienhandel der WestLB. Das Geschäftsjahr 2007 wurde schließlich mit einem Verlust von 1, 6 Milliarden Euro abgeschlossen. Die Belastungen der Finanzkrise führte dazu, dass risikobehaftete Wertpapiere in Höhe von zunächst 23 Milliarden Euro in eine Zweckgesellschaft übergeführt werden mussten.

Im Untreue-Prozess gegen den ehemaligen Chef der angeschlagenen WestLB, Jürgen Sengera, hat der amtierende Aufsichtsratschef der Bank von gravierenden bankinternen Mängeln berichtet. Der Sonderprüfungsbericht der Bankenaufsicht sei "ziemlich erschütternd" gewesen, sagte der Vorsitzende des Aufsichtsrats, Rolf Gerlach, als Zeuge vor dem Düsseldorfer Landgericht. Deshalb habe er den Verantwortlichen damals fehlende Bodenständigkeit und einen "unaufgeklärten Glauben an Modellrechnungen" vorgeworfen.

Sengera soll laut Anklage für den 1,35-Milliarden-Euro-Kredit an den britischen TV-Geräte-Verleiher Boxclever verantwortlich sein, der später Insolvenz anmelden musste. Folge: ein 427 Millionen Euro-Verlust für die WestLB. Hätte einer der vielen mit dem desaströsen Engagement nur abstrakt befassten Experten jemals einen Fuß in eine der Boxclever-Filialen gesetzt, wäre das riskante Geschäft vielleicht rechtzeitig abgesagt worden, sagte Gerlach: "Schlechte Geschäftslage, verstaubte Fernseher, schmuddliger Teppichboden!"

Wiedeking, Wendelin

Wendelin Wiedeking wurde am 28. August 1958 in Ahlen/Westfalen geboren und ist seit 1993 Vorstandsvorsitzender der Porsche AG.
Bereits seit nach seiner Promotion im Fach Maschinenbau im Jahr 1983 ging er als Referent des Vorstandes „Produktion und Materialwirtschaft" zu Porsche, bevor er zur Glyco Metallwerke KG wechselte (1988).
1991 kehrte er zu Porsche zurück, zunächst als Vorstandsmitglied für Produktion und Materialwirtschaft. Nachdem sich Porsche im September 1992 vom damaligen Vorstandsvorsitzenden Arno Bohn trennte, übernahm Wiedeking am 1. August 1993 den Vorstandsvorsitz.
Anfangs oft noch als „graue Maus" belächelt, konnte Wiedeking durch umfangreiche Umstrukturierungsmassnahmen das Unternehmen erfolgreich neu aufstellen. 1994 wurde Wiedeking zum Manager des Jahres gewählt, 2006 in die „Hall of Fame" des Manager Magazins aufgenommen. 2008 folgte auch die Auszeichnung „Europas Manager des Jahres"
Die Reputation macht sich auch an Wiedekings Gehalt bemerkbar: Im Jahr 2007 soll aufgrund eines Rekordgewinns von Porsche sein Gehalt rund 60 Millionen Euro betragen haben. Davon beruht ein Großteil auf eine Gewinnbeteiligungsvereinbarung aus den 1990er-Jahren.
Die gescheiterte Übernahme von VW änderte viel in der Bewertung des Managers Wiedeking. Der versuchte Kauf auf Kredit, Aktienspekulationen, die den Gewinn von Porsche kurzfristig höher schraubten als dessen Umsatz und persönliche Fehden mit der Eigentümerfamilie ließen

den Glanz verblassen. Immer öfter wird über den Weggang Wiedekings spekuliert, ein entscheidendes Wort dürfte hier der große Mann bei VW, Ferdinand Piëch spielen, der vielsagend schonmal andeutete, dass Wiedeking noch sein Vertrauen genieße. Und dieses „noch" lässt Raum für Spekulationen jeder Art. Die derzeitige Bilanz Wiedekings sieht alles andere als rosig aus: Neun Milliarden Euro Nettoschulden drücken Porsche, ein weiterer Finanzbedarf in Milliardenhöhe wird vermutet. Um den zu decken, stellte Porsche gar einen Antrag bei der KfW auf Staatshilfe. Die Ära Wiedeking scheint sich dem Ende zuzuneigen.

X

Xetra-Handel

Der Xetra-Handel ist das Gegenstück zum Parketthandel. Es ist das elektronische Handelssystem der Deutschen Börse, mit dessen Hilfe inzwischen 83% der Umsätze getätigt wierden Der Xetra-Handel ist zwischen 9.00 Uhr und 17. 30 Uhr geöffnet, der Präsenzhandel dagegen bis 20.00 Uhr. Das Xetra-System ist der Nachfolger der ehemaligen Systeme IBIS und MATIS. Kritik macht sich am vollelektronischen Handel deswegen laut, weil es zur Anonymisierung und Beschleunigung des Wertpapierhandels beiträgt und eine immer weiter zunehmende Entkoppelung von der realen Wirtschaft befürchtet wird.

Y

Yahoo

Yahoo ist eine in Sunnyvale (USA) ansässige Firma, die 1995 von David Filo und Jerry Yang gegründet worden ist. Mit einem Umsatz von 6, 97 Milliarden Dollar (2007) gehört es zu den wichtigsten Onlinenabietern, die an der Börse notiert sind.

Carol Bartz übernahm 2008 das Amt als CEO, nachdem Yang es abgegeben hatte.

Immer wieder machen Übernahmegerüchte von Microsoft die Runde, welches einen starken Partner sucht, um den Marktführer „google" im Suchmaschinenbereich wirkungsvoll Konkurrenz machen zu können. In der Tat wird für solch einen Fall mit starkem Einsparpotential bei Yahoo gerechnet, wichtige Synergieeffekte könnten genutzt werden. Yahoo hat wiederum nach Platzen der „New Economy"-Blase in den Jahren 2000/2001, an die man sich in Zeiten der Finanzkrise leidvoll zurückerinnert, unter sinkenden Werbeeinnahmen zu leiden. Microsoft bot 2008 einen Preis von 31 Dollar pro Yahoo-Aktie, dies wurde von Yahoo jedoch abgelehnt. Vermutet wird, dass hier auch die traditionell diametral stehenden Unternehmensphilosophien eine wichtige Rolle spielen. Inzwischen hat Microsoft die eigene Suchmaschine bing.com gestartet.

Z

Zeltstädte

Die Immobilienkrise hat nicht nur dramatische Folgen auf die internationalen Finanzmärkte, sondern selbstverständlich auch auf diejenigen, deren Häuser zwangsversteigert werden. Dies führt zu einem beängstigendem Phänomen rund um die Großstädte in den Vereinigten Staaten. Fast flächendeckend schlagen im wörtlichen Sinn obdachlos gewordene Menschen ihre Zelte auf, und es werden immer mehr. Als erste berichtete der amerikanische Fernsehsender ABC darüber.: „Es sind ganze Familien hier, nicht nur Männer, die ihre Frauen verlassen haben und sich betrinken. Ganze Familien, drei, vier, fünf Menschen auf einmal." Die meisten entstammen aus der nun wegbrechenden Mittelschicht und sie haben keinerlei Perspektive. Inzwischen sollen 5, 8 Millionen US-Bürger ihr Heim verloren haben, dies entspricht der Einwohnerzahl der Schweiz.

Zertifikate

Zertifikate sind Schuldverschreibungen, die die unterschiedlichsten Geschäfte zur Grundlage haben können. Sie bieten keine feste Verzinsung, sondern eine Erfolgsrendite.

Durch *Partizipationszertifikate* kann in Basiswerte aller Art investiert werden, ohne diese selbst kaufen zu müssen. Eine Spezialform davon ist das *Indexzertifikat*, das sich auf einen ganzen Wertpapierindex bezieht. *Exchange Trade Commodities* sind Zertifikate, die sich auf Rohstoffe beziehen, *REIT-Zertifikate* bilden die Kursentwicklung von Immobilien-Aktiengesellschaften ab.

Mit *Discount-Zertifikaten* kann man das Risiko seines Investments begrenzen, gleichzeitig wird dabei aber auch die Gewinnspanne gedeckelt. *Bonus-Zertifikate* beziehen auch die Dividenden von Aktien mit ein.

Zertifikate sind seit der Finanzkrise eine stark umstrittene Anlageart, das sie vom durchschnittlichen Verbraucher oftmals nicht durchschaut werden können. Vielfach beinhalten Zertifikate auch „Giftpapiere", die auf diesem Wege doch noch verkauft werden können. Bei Zahlungsunfähigkeit des Emittenten, etwa bei Insolvenz der entsprechenden Bank, besteht für den Anleger das Risiko des Totalverlusts.

Gehandelt werden Zertifikate in Deutschland vornehmlich an der „Euwax" in Stuttgart, darüber hinaus auch in Frankfurt, Berlin und Düsseldorf.

Zumwinkel, Klaus

Klaus Zumwinkel, geb. 15. 12. 43 in Rheinberg, war bis zum „Steuerskandal" Vorstandsvorsitzender der Deutschen

Post (1995-2008). Außerdem war er Aufsichtsratsvorsitzender der Deutschen Telekom sowie Mitglied in weiteren Aufsichtsräten zahlreicher Industrie-, Finanz-, und Beratungsunternehmen.

Nachdem Zumwinkel in das Visier der Steuerfahnder geraten war, wurden sein Büro in der Bonner Zentrale des Unternehmens durchsucht, gleichzeitig lag auch ein Haftbefehl gegen ihn vor, der gegen Sicherheitsleistung zunächst außer Vollzug gesetzt wurde. Grund war nach Medienberichten ein Verdacht der Bochumer Staatsanwaltschaft auf Steuerhinterziehung Zumwinkels. Insbesondere scheint hier eine Liechtensteiner Stiftung, die seit den 80er Jahren existiert, Anlass für die Untersuchungen gewesen zu sein.

Auch Zumwinkels Privathaus wurde untersucht. Zuvor war er bereits ins Zentrum der Kritik geraten, als er ein millionenschweres Aktienpaket direkt nach dem Beschluss der Bundesregierung zum Post-Mindestlohn verkauft und ansehnliche Gewinne eingestrichen hatte.

Post-Chef Klaus Zumwinkel räumte den Vorwurf der Steuerhinterziehung ein. Dies sagte als Erster Bundesfinanzminister Peer Steinbrück (SPD) dem Sender N24 und sprach sich deswegen wie der damalige SPD-Chef Kurt Beck für Zumwinkels Rücktritt aus "weil es der deutschen Öffentlichkeit nicht vermittelbar gewesen wäre, dass jemand, der zugibt, dass er dem Tatbestand der Steuerhinterziehung entspricht, in dieser Funktion bleibt." In der Affäre um Steuerhinterziehungen soll eine Gesamtsumme von 3,4 Milliarden Euro an den Finanzbehörden vorbei nach Liechtenstein geflossen sein. Wie die "Süddeutsche Zeitung" unter Berufung auf Justizkreise berichtet, soll es inzwischen 900 andere

Durchsuchungsbeschlüsse gegeben haben. Gegen 120 bis 150 Verdächtige werde danach ermittelt.

Das ZDF hat enthüllt, wie es zu den Informationen über den inzwischen Ex-Post-Chef Zumwinkel und schätzungsweise über 1000 anderen Prominenten kam: Im Jahr 2006 soll sich, so das ZDF, ein geheimnisvoller Informant beim Bundesnachrichtendienst gemeldet haben. Er bot offenbar Namen und Daten über Steuerflüchtlinge aus Deutschland an und übergab die inzwischen zur Berühmtheit gelangte CD-Rom. Mit dem Material konnte man jedoch zunächst nicht viel anfangen, sie enthielt zu viele Zahlen und verschachtelte Firmen bzw. Stiftungskonstrukte. Deshalb wurden spezialisierte Experten der Steuerfahndung in Wuppertal informiert.

Die Ermittler dort kamen aus dem Staunen nicht mehr raus:. Der Informant hatte offenbar einen wirklichen Schatz gehoben. Die CD-Rom enthält umfangreiches Beweismaterial, vor allem Namen und Kontenauszüge von zahlreichen "Leistungsträgern" und Prominenten aus dem politischen und gesellschaftlichen Leben in Deutschland.

Am 26. Januar 2009 wurde Zumwinkel schließlich vom LG Bochum zu einer zur Bewährung ausgesetzten Freiheitsstrafe von 2 Jahren verurteilt. Als Bewährungsauflage war eine Summe von 1 Million Euro zu zahlen.

In der sogenannten „Telekom-Spitzelaffäre" wurden zudem Ermittlungen gegen ihn eingeleitet, da er im Verdacht steht, die Ausspähung von Telefondaten angeordnet zu haben.

Öffentlich scharf diskutiert wurde weiterhin, dass sich Zumwinkel seine Pensionsansprüche in Höhe von 20 Millionen Euro von der Deutschen Post hat auszahlen lassen.

.

.